Elos líricos

BAZAR DO TEMPO

Elos líricos
Marina Tsvetáieva

**Poemas e prosa
a grandes poetas**

Organização e tradução
Paula Vaz de Almeida

© Bazar do Tempo, 2022

Todos os direitos reservados e protegidos pela lei n. 9610, de 12.2.1998.
Proibida a reprodução total ou parcial sem a expressa anuência da editora.

Este livro foi revisado segundo o Acordo Ortográfico
da Língua Portuguesa de 1990, em vigor no Brasil desde 2009.

EDIÇÃO Ana Cecilia Impellizieri Martins
ASSISTENTE EDITORIAL Clarice Goulart
COLABORAÇÃO E PREPARAÇÃO DE TEXTO Alice Vieira
REVISÃO Elisabeth Lissovsky
PROJETO GRÁFICO E CAPA Bloco Gráfico

Livro publicado com
o apoio do Instituto de
Tradução Literária da Rússia.

AD VERBUM

(CIP-BRASIL) CATALOGAÇÃO NA PUBLICAÇÃO
SINDICATO NACIONAL DOS EDITORES DE LIVROS, RJ

T819e

Tsvetáeva, Marina [1892-1941]
Elos líricos: poesia e prosa a grandes poetas / Marina Tsvetáeva;
organização e tradução: Paula Vaz de Almeida
1. ed. – Rio de Janeiro: Bazar do Tempo, 2022
208 p.: 14 × 21 cm

Inclui bibliografia
"Coletânea de obras da autora"
ISBN 978-65-86719-93-2

1. Poesia russa. I. Almeida, Paula Vaz de. II. Título.

22-75593   CDD: 891.71
                                     CDU: 82-1(470+571)

Meri Gleice Rodrigues de Souza – Bibliotecária – CRB-7/6439

BAZAR DO TEMPO
PRODUÇÕES E EMPREENDIMENTOS CULTURAIS LTDA.

Rua General Dionísio, 53, Humaitá
22271-050 – Rio de Janeiro – RJ
contato@bazardotempo.com.br
www.bazardotempo.com.br

*Ao meu eterno orientador e amigo,
Homero Freitas de Andrade.*

APRESENTAÇÃO

11 **Poesia, tempo e história** Paula Vaz de Almeida
25 A Marina Tsvetáieva, de Boris Pasternak

POESIA

29 **A Aleksandr Púchkin**
37 **POEMAS A PÚCHKIN**
39 1. "Flagelo dos gendarmes, deus dos estudantes..."
43 2. Pedro e Púchkin
46 3. (O torno)
48 4. "A superação..."
50 5. (O poeta e o tsar)
50 I. "Sob a colunata..."
51 II. "Não rufava o tambor ante o regimento vago,..."
52 III. "O poder do povo que derrubou o trono..."

53 **A Boris Pasternak**
57 "Sei que morrerei no crepúsculo! Em qual dos dois será..."
58 "Com a paciência de quem o cascalho quebra..."
59 Uma carta
60 "As lesmas rastejantes dos dias..."
61 "Distância: verstas, milhas..."
62 "Ao centeio russo, minha saudação..."

63 **A Vladímir Maiakóvski**
67 **POEMAS A MAIAKÓVSKI**
69 1. "Para que a Terra não pereça..."
70 2. "Sangue da Literatura — não em sua..."
71 3. "De botas, aferradas com o ferro..."
73 4. "Nem meia-pataca será colocada..."
75 5. "Uma bala — na própria alma..."
77 6. "Como um rico-homem soviético..."
81 7. "Muitos templos foram destruídos..."

83 **A Aleksandr Blok**
85 **DO CICLO *POEMAS A BLOK***
87 "À fera — o covil..."
88 "Tenho em Moscou — a cúpula, que queimam..."
89 "Um ser! — pensaram eles..."
90 "Há de ser — atrás do bosque..."
91 "E nuvens de moscas rodeiam o cavalo sereno..."
92 "Ei-lo — mira — farto do mundo afora..."
93 "Seus amigos — larguem-no!..."
94 "Mas sobre a planície —..."
95 "Não a costela fraturada, mas..."

97	**A Anna Akhmátova**
99	**A AKHMÁTOVA**
101	1. "Oh, Musa do pranto, a mais sublime das musas!…"
102	2. "Mão na cabeça e levanto…"
104	3. "Um enorme adejo ainda —…"
105	4. "Nome da criança — Lev…"
106	5. "Quantos companheiros e amigos!…"
107	6. "Não retardes! Sou — a presa…"
108	7. "Dos catafalcos e dos berços…"
109	8. "No mercado o povo gritava…"
110	9. "Ã Anna Crisóstoma — de toda a *Rus*…"
111	10. "Através do fino fio sobre aveias em onda…"
112	11. "Tu sol nas alturas me encobertas…"
113	12. "Mãos me foram dadas para estender a cada ambas…"
114	13. "E se eu no véu trancasse…"
115	**A Sofia Parnok**
117	**A AMIGA**
119	1. "Sois feliz? — Não dizeis! Não creio!…"
121	2. "Sob a carícia da manta de pelúcia…"
122	3. "Hoje a neve derretia, hoje…"
123	4. "Vosso vestir-se era preguiçoso…"
124	5. "Hoje, às oito horas, desce…"
126	6. "Sobre a borra do café, à noite…"
127	7. "Como a neve cintilava divertida…"
129	8. "O pescoço erguido em liberdade…"
130	9. "Tu vais seguindo o teu rumo…"
132	10. "Poderia eu não me lembrar…"
134	11. "Todos os olhos sob o sol — ardem…"
135	12. "As colinas azuis do entorno de Moscou…"
136	13. "Ã véspera da separação…"
137	14. "Há nomes, como flores sufocantes…"
138	15. "Quero um espelho onde há limo…"
139	16. "Primeiro, tu amaste…"
140	17. "Não se esqueçam: um fio de cabelo meu…"
	PROSA
145	**A Rainer Maria Rilke**
147	A tua morte
150	*Mademoiselle* Jeanne Robert
162	A Carta
169	Vânia
181	**A Mikhail Kuzmin**
183	Uma noite do além
203	**Referências bibliográficas**

Apresentação

POESIA, TEMPO E HISTÓRIA
Paula Vaz de Almeida

> *Meus versos são meu diário, minha poesia*
> *é uma poesia de nomes próprios.*
>
> (Marina Tsvetáieva, "Prefácio à coletânea *De dois*", 1913)

Em um ensaio de 1926, intitulado "O poeta e a crítica", Marina Tsvetáieva (1892-1941) afirma que teriam direito a julgar a obra de um poeta apenas aquelas pessoas que tivessem lido cada uma de suas linhas. Segundo ela, o trabalho artístico é um processo em que a criação é feita de modo contínuo, mas não necessariamente linear. Por isso, a poeta de 1915 explicaria a de 1925. Diz, ainda, que a cronologia é a chave para a compreensão de sua obra.

Em se tratando da cronologia tsvetaieviana, todavia, essa assertiva não deve ser tomada de modo literal, ou seja, sob uma perspectiva que busque distinguir num tempo determinado a ordem de ocorrência dos fatos. É preciso pensá-la a partir de, pelo menos, dois aspectos: a construção, por assim dizer, de um "mito" de poeta e a prática literária de *poetas com ou sem história*, conceitos cunhados por ela em outro ensaio, de 1933, para falar de percursos criativos que se dão em maior ou menor grau, de modo progressivo e/ou em profundidade. Para ela, *um encontro entre poetas será sempre um encontro poético via linguagem poética*. Ocorre que, como tal, Tsvetáieva desejava encontrar e definir um lugar para quem é poeta neste e, por que não dizer, num outro mundo (como um grau paroxístico da existência, segundo propõe Tzvetan Todorov em seu *A beleza salvará o mundo*).[1]

Os seis ciclos de poemas e os dois ensaios aqui reunidos cobrem um período de 22 dos 49 anos de vida da poeta, tendo sido compostos entre 1914 e 1936.[2] Sua disposição não obedece a uma ordem cronológica, mas busca, em certo sentido, um recorte que representaria mais um percurso poético, expresso na relação com outros poetas, os quais constituem influências mais ou menos evidentes na sua obra. Além disso, parte de uma ideia expressa por Tsvetáieva em distintos momentos, com diferentes formulações, mas que encontramos sintetizada em um de seus ensaios da seguinte maneira:

> [...] em essência, não existem poetas, existe o poeta, o único e o mesmo desde o começo e até o fim do mundo, uma força que pinta com as cores do tempo presente as tribos, os países, as falas, as pessoas que são por ela transpassadas e que a carregam por uma e outra praia, um e outro céu, um e outro fundo.[3]

Sua biografia conecta o período russo – quando já era uma poeta razoavelmente conhecida nos meios literários moscovita e petersburguês, atravessando a Revolução Russa (1917) e a Guerra Civil (1918-1921) – ao período francês. Emigrada em 1922, para se reunir a Serguei Efron, seu companheiro de vida e ex-combatente do Exército Branco, a poeta passou a maior parte de seu exílio na França, onde chegou no fim do ano de 1925, depois de uma rápida estada em Berlim e de cerca de três anos na Tchecoslováquia. Como muitos

---

1 T. Todorov, *A beleza salvará o mundo – Wilde, Rilke e Tsvetaeva: os aventureiros do absoluto*, 2011, p. 253.
2 Os poemas e ensaios aqui reunidos foram traduzidos de M. Tsvetáieva, *Собрание сочинений: В 7 т* [Obras reunidas: em 7 volumes], 1994/1995, vols. 1-5.
3 M. Tsvetáieva, op. cit., vol. 5, p. 375.

de seus contemporâneos, seu destino esteve imbricado nos principais acontecimentos da época, e a vida na emigração foi marcada pela extrema pobreza material – o que não a impediu, contudo, de manter-se sempre ativa, dedicando-se, ainda que a duras penas, à sua obra. À Rússia soviética, Tsvetáieva voltará em 1939, na esteira de acontecimentos que apenas recentemente foram melhor esclarecidos,[4] e onde, mais tarde, suicida-se por enforcamento em 31 de agosto de 1941, na cidade de Elábuga.

Do ponto de vista da apresentação, a ordem aqui estabelecida pretende refletir, por um lado, as conexões no interior de sua própria obra, por meio da imagem daquelas que constituem suas principais influências, e, por outro, busca reproduzir em alguma medida esses anéis concêntricos conectados pela voz da poeta, um vórtice do qual tudo emana e que tudo absorve. Ainda sob uma perspectiva mais singela, mas não menos importante, pretende oferecer às leitoras e aos leitores brasileiros uma amostra da poesia russa, bem como da atmosfera que a envolve, em especial a da primeira metade do século XX, à imagem e à sombra de Aleksandr Púchkin, de cuja cartola todos, de um modo ou de outro, saíram.

Por isso ele vem antes: o primeiro poeta, o poeta arquetípico, o mestre, influência fundamental e principal chave de interpretação da poética tsvetaieviana. "Púchkin foi meu primeiro poeta e o meu primeiro poeta foi morto."[5] – declara em *Meu Púchkin*, uma estonteante recomposição lírica de seu nascimento como poeta. Presenças indeléveis na infância, o monumento de Púchkin em Moscou e o

---

4   Para entender o envolvimento de Serguei Efron com a rede de espionagem e perseguição arquitetada por Ióssif Stálin e o stalinismo contra a oposição de esquerda ver A. M. de Almeida, *Do partido único ao stalinismo*, 2021, p. 368-375.

5   M. Tsvetáieva, *Meu Púchkin*, in P. V. Almeida, *O "Meu Púchkin" de Marina Tsvetáieva: tradução e apresentação*, 2008, p. 45.

quadro do duelo mortal pintado por Aleksei Naúmov não deixavam dúvidas e ensinaram a criança para sempre: o maior poeta russo é negro e foi assassinado pelo poder. As primeiras lições, os principais temas, a maneira de encarar a vida e o amor, a compreensão da poesia e do ofício do poeta vieram de Púchkin. Também vem dele a principal batalha: "defender – o poeta – do resto, pouco importando como se vistam ou se chamem."[6]

Em nossa reunião, Vladímir Maiakóvski está após Boris Pasternak apenas porque num livro as páginas são dispostas de maneira consecutiva. Para fazer jus à nossa poeta, ao se falar da poesia russa a ela contemporânea, esses dois nomes deveriam ser colocados lado a lado, "não porque um é pouco, nem porque um precise do outro, complete o outro",[7] mas "porque eles em sua própria época, na principal esquina de sua época, lado a lado estão e permanecerão"[8] – conforme adverte em seu "Épica e lírica na Rússia contemporânea: Vladímir Maiakóvski e Boris Pasternak", e completa: "para revelar duas vezes que aquilo que Deus concede uma vez a cada cinquenta anos aqui foi pela natureza revelado duas vezes em cinco anos: o completo e íntegro milagre do poeta."[9]

Para Tsvetáieva, poetas poderiam ser divididos em poetas com história, em desenvolvimento, que "não renunciam a si e simplesmente não se voltam para si, movem-se sempre adiante", e poetas sem história, cujas "alma e personalidade se formaram ainda no ventre materno".[10] Poeta com história é aquele ou aquela que se dispõe a ouvir o mundo; poeta sem história é quem se coloca à escuta da vida, se for mulher, ou do ser, quando homem. Púchkin e Maiakóvski estariam no

6 Ibid., p. 46.
7 M. Tsvetáieva, op. cit., v. 5, p. 375.
8 Idem.
9 Idem.
10 Ibid., p. 399; 402.

primeiro grupo, enquanto Pasternak e Anna Akhmátova, no segundo. Já Aleksandr Blok seria uma exceção, muito embora incompleta: um poeta puramente lírico que percorreu um caminho, mas não se pode falar que tenha desenvolvido uma história, pois desenvolvimento do trabalho lírico pressupõe harmonia, e o destino do poeta foi catastrófico. Blok poderia ter sido um poeta pertencente às duas categorias se tivesse "se desenvolvido", em vez de "se despedaçar": "Na debilidade física e no desagregamento espiritual da personalidade de Blok irrompeu o elemento da Revolução com suas canções e destruiu seu corpo."[11] Se tomarmos, por um lado, Blok como um poeta com história, então essa história será a de um poeta lírico, a história do próprio lirismo que nele existe, de seu sofrimento; se, por outro, Blok for visto como um poeta sem história, seu lirismo consiste justamente em fugir de si próprio rumo a um "si mesmo" ainda mais atormentado, o que equivale a correr em círculos.

Anna Akhmátova seria um exemplo de "perfeita lírica", uma poeta que nasceu "com vocabulário próprio e máxima originalidade".[12] Akhmátova é de uma geração anterior à de Tsvetáieva e aqui a questão de gênero se torna relevante: ao despontar como uma poeta talentosa reconhecida por seus pares, a comparação entre as "duas poetisas russas" (a despeito de desde muito cedo Tsvetáieva ter rejeitado o feminino "poetisa") tornava-se frequente, assim como a aproximação às "duas capitais russas", São Petersburgo, terra de Akhmátova, e Moscou, berço de Tsvetáieva. Não há, é importante dizer, sentimento de rivalidade entre elas, mas de reconhecimento e admiração. É verdade, contudo, que a admiração vinha muito mais da parte da jovem moscovita, que não apenas tinha em Akhmátova uma de suas principais inspirações, mas

---

11 Ibid., p. 410.
12 Idem.

a adorava na qualidade de uma musa, ao mesmo tempo sagrada e profana.

O ciclo "A amiga" é de um tipo diferente dos anteriores. Também se destina a uma poeta, Sofia Parnok, "a Safo russa", porém, em vez de uma dedicatória ou uma elegia, conta a história de um amor – as poetas foram amantes de 1914 a 1916 –, e aqui os elos líricos se tornam ainda mais íntimos. As concepções de Marina Tsvetáieva sobre o amor entre mulheres mereceriam um capítulo à parte, o que extrapolaria em muito o escopo deste livro e desta breve apresentação. Digamos apenas que, conforme aponta Bernardini, sua pequena filosofia do amor está "espelhada no mito da bissexualidade divina da mulher e na coincidência dos opostos".[13] Ao lado de sua fuga da "feminilidade tradicional", submissa e caseira, para um mundo do qual o homem fosse excluído, encontra-se, em coexistência, a íntegra submissão à maternidade.

Dois textos em prosa fecham o volume, um ensaio "epistolar" e um ensaio memorialístico. O primeiro é uma carta a Rainer Maria Rilke, uma tocante reflexão sobre a morte em sentido profundo, escrita na esteira do falecimento do poeta, o único não russo do livro; não russo, mas sem uma nacionalidade definida: "O que és, afinal, Rainer? Não és alemão, apesar de ser a Alemanha inteira! Não és tcheco, apesar de ter nascido na Tchecoslováquia (NB![14] Em um país que já não existe – que adequado!), não és austríaco, porque a Áustria foi, e tu serás! Não é maravilhoso? Não tens pátria!".[15] O outro gira em torno da figura do excêntrico poeta Mikhail Kuzmin, também por ocasião de sua morte, em que Tsvetáieva recorda um

---

13 A. F. Bernardini, "Prefácio", in M. Tsvetáieva, *Indícios Flutuantes*, 2006, p. 26-27.
14 Abreviação da locução latina *"nota bene"*, utilizada como recurso para chamar a atenção do leitor.
15 M. Tsvetáieva, op. cit., vol. 7, p. 70.

sarau ocorrido em São Petersburgo no ano de 1916 – o limiar de dois mundos em um sentido duplo: o velho e o novo, e este nosso e o do além. Elos que se fecham no âmbito do livro e abrem a possibilidade para os elos que dele emanam, como um pedaço do "céu do poeta" idealizado por Tsvetáieva:

> Um terceiro reino com suas próprias leis, do qual raramente nos safamos para o mais alto (e com que frequência – para o mais baixo!). Um terceiro reino, o primeiro céu da terra, de uma segunda terra. Entre o céu do espírito e o inferno das espécies, a arte é o purgatório de onde ninguém quer sair rumo ao paraíso.
>
> [...]
>
> O céu do poeta está exatamente a um degrau do pedestal de Zeus: o topo do Olimpo.[16]

*

Em minha tese de doutorado dedicada a Marina Tsvetáieva e defendida em 2014 na Universidade de São Paulo (USP),[17] escrevi que aquele trabalho, advindo de um interesse surgido ainda na graduação, não pretendia ser um ponto-final, e este livro é, em certo sentido, uma forma de cumprir aquele compromisso assumido, já não tanto como acadêmica, mas como tradutora. Para minha sorte, encontramos – minha promessa e eu – acolhimento junto à editora Bazar do Tempo, à qual muito agradeço.

Aquela pesquisa se concentrou nos escritos em prosa

---

16 Ibid., vol. 5, p. 362-363.
17 Cf. P. V. Almeida, *A caminho do Absoluto: a poética e a vida literária de Marina Tsvetáieva através de sua prosa*, 2014.

da (sobretudo) poeta Marina Tsvetáieva, buscando reconstituir através de seus textos um itinerário literário a caminho do Absoluto. É esta a principal ideia que guia também a seleção e a organização dos poemas e dos ensaios aqui reunidos. Há, no conjunto de sua obra, uma intensa reflexão quanto ao ofício do poeta, a natureza da criação artística, o fazer poético próprio e de outros. Presentes em suas cartas e diários, esses pensamentos aparecem desenvolvidos de maneira mais analítica em um conjunto de ensaios que constitui, pode-se dizer, uma "arte poética" de Marina Tsvetáieva, em que ela sintetiza suas principais concepções, bem como as conclusões que tirava de sua práxis e da experiência com outros poetas. Tais princípios também nos orientaram, não só na escolha e no arranjo final, mas no trabalho de tradução no sentido da aproximação do método de composição tsvetaieviano.

Enquadrar ou estabelecer uma filiação de Marina Tsvetáieva às correntes e às tendências de sua época é armadilha perigosa – talvez até uma tarefa impossível. Convém muito mais falar em algumas influências determinantes, que vão desde o que poderíamos chamar de escolas, com as quais se relaciona tanto por aderência quanto por oposição, a poetas em particular, com os quais estabelece um complexo jogo de apropriações, em que sobressaem, em termos gerais, alguns aspectos do romantismo, especialmente o alemão, reelaborados pela escola simbolista russa. Trata-se de uma apropriação que não reconhece tempo nem fronteiras, da *Sturm und Drang* de Goethe e Schiller, passando pelo romantismo de Byron, Púchkin, Liérmontov e o simbolismo de Blok e Biéli, até o acmeísmo de Akhmátova e o cubofuturismo de Maiakóvski.

Tsvetáieva, é preciso dizer, não se recolherá em uma torre de marfim, não é esta a sua ideia de Absoluto; como mulher e mãe, a vida cotidiana lhe é incontornável, por isso não pode separar vida e arte, colocando essa última no topo das atividades humanas. "Não é a vida como tal que amo, para mim, ela começa a fazer sentido, ou seja, a ganhar significado e peso apenas quando transfigurada, ou seja – na arte",[18] confessa, em carta de 1925 a Anna Teskova, escritora e tradutora tcheca, amiga e uma das principais interlocutoras de Tsvetáieva durante a emigração. Em consonância com as correntes de sua época, pensa em uma arte inteligível para todos e todas: ao mergulhar no incompreensível, o poeta ou a poeta deve transfigurar o caos em um poema acessível a qualquer pessoa. Mas, atenção: ser acessível não significa torná-lo utilitário, fácil, didático; Tsvetáieva se recusa a estabelecer tarefas para a arte. "Não é para milhões, não é para uma pessoa apenas, não é para mim mesma. Escrevo para a obra em si. A obra, através de mim, escreve-se."[19]

Para ela, toda poeta, todo poeta, vivo ou morto é, em sua essência, mito – "o mito antecipa e de uma vez por todas tudo molda"[20] – e emigrante – "Um emigrante da Imortalidade no tempo, um desertor do seu próprio céu."[21] Como uma espécie de antípoda à sociedade, ora perseguido e censurado, ora em isolamento forçado ou voluntário, em sua criação, não está sujeito a nada e é isento de responsabilidades, pois é governado por uma ética alternativa e obedece apenas ao chamado implacável do tempo. Nenhuma pessoa, demiurga de forças que não controla, pesquisadora do insondável, nada nem ninguém – nenhum poder ou partido – "nem mesmo o mais poderoso, com o maior futuro do mundo pela frente"[22] – tem o direito de cercar ou comandar qualquer artista em nome de sua época, pois não é possível representá-la como um todo, constituir o comando do tempo, que fala diretamente a quem é poeta, sem

18 Ibid., vol. 6, p. 285.
19 Idem.
20 Ibid., vol. 4, p. 3.
21 Ibid., vol. 5, p. 335.
22 Ibid., p. 339.

intermediários; do mesmo modo, nenhum julgamento da moral, dos homens, do Estado, da Igreja, pode ser admitido.

Ofício solitário, está longe de ser pessoal – "não existe vontade individual na criação". Eis a tarefa: dar um corpo físico ao que já existe como espírito e dar um espírito àquilo que quer existir, "incorporar o espírito que deseja o corpo (a ideia), e espiritualizar o corpo que deseja o espírito (os elementos)", "sem distinguir as qualidades desse desejo".[23] Dessa maneira, a consciência como a entendemos, ou seja, tanto nossa apreensão da vida e do mundo na qualidade de seres mais ou menos conscientes, quanto em nosso julgamento moral, de certo e errado, do bem e do mal, é distinta daquele estado de consciência necessário à criação artística, em que não há lugar para a liberdade do poeta. Ao criar, deve entregar-se ao "completo esquecimento, ou seja, o esquecimento de tudo o que não é a obra, ou seja, o próprio princípio da criação".[24] Sua missão seria batizar novamente o mundo, colocar-se a serviço dele como uma estenógrafa da Vida, se for mulher, ou um estenógrafo do Ser, se for homem, que não comunica a verdade factual, mas a espiritual, e só obedece ao comando do tempo, a autêntica fonte da inspiração.

O seu exemplo perfeito Tsvetáieva encontra em *Os sofrimentos do jovem Werther* (1774), de Goethe, cujo romance está associado a uma onda de suicídios ocorridos no período de sua publicação. "Goethe seria culpado por todas as mortes subsequentes?" – pergunta. A pessoa, talvez. O artista, jamais. Isso porque "Goethe, por alguma lei de um momento específico de sua vida, precisou atirar em Werther; o demônio suicida de uma geração precisou encarnar justamente pelas mãos de Goethe." Alguns leitores leram o Werther e suicidaram-se, enquanto outros – explica, re-

---

23 Ibid., p. 360.
24 Ibid., p. 252.

velando o outro lado da moeda muitas vezes esquecido –, depois de ler o Werther, decidiram viver. "Um se comportou como Werther, outro como Goethe." Autodestruição e autoproteção de uma só vez, fruto de "uma dupla necessidade fatal" em sentido amplo, portanto, "sem responsabilidades", apesar das "muitas consequências".[25]

O papel de quem é poeta não pode ser, nessa visada, o de restaurar a sua época – "isto não é arte"; e sim o de um sujeito solitário que pode ser lançado um século adiante – "NB! Nunca para trás" – e mesmo assim permanecerá contemporâneo, ainda que não de sua própria época. A contemporaneidade do poeta não é "uma declaração de que seu tempo é melhor, nem mesmo como uma simples aceitação dele – tampouco como uma resposta! – nem mesmo como uma urgência em dar esta ou aquela resposta aos acontecimentos", pois sua existência é "um acontecimento de seu tempo e qualquer resposta sua ao acontecimento em si, qualquer resposta em si, será de uma só vez uma resposta a tudo".[26]

Atenta às demandas de sua época, em clara referência aos debates em torno da relação da arte e de artistas com o poder, em voga tanto na Europa quanto na União Soviética, declara: "Se os ideólogos da poesia proletária se ocupassem mais em respeitar e menos em instruir o poeta, deixariam que esses elementos despertos despertassem no poeta por eles mesmos, permitiriam que o poeta fosse despertado à sua própria maneira."[27]

Fiel à sua defesa do/da poeta, e de si mesma, comprometida, como bem define Susan Sontag, "a proteger o eu do poeta",[28] ao se voltar a seus poetas, a Púchkin, a Pasternak,

---

25 Ibid., p. 352.
26 Ibid., p. 333.
27 Ibid., p. 339.
28 S. Sontag, "Uma prosa de poeta", in *Questão de ênfase*, 2005, p. 20.

a Rilke, a Akhmátova, a Blok e, sobretudo, a Maiakóvski, cujo suicídio revela muito do momento histórico em que se insere, pretende dar também a sua palavra sobre a liberdade poética e a autodeterminação do artista. Vale notar, todavia, que, ao reconstituir, em prosa e verso, fatos da sua vida e da de outros, ela aspira não a uma verdade convencional, de adequação, constituída de informações precisas, mas àquela capaz de revelar a natureza profunda dos seres, das coisas e dos acontecimentos.[29] Por isso mesmo não se pode tomar qualquer uma de suas obras ingenuamente. É como se o retrato deixasse de ser o de pessoas de carne e osso para se tornar a cristalização estética do mito do poeta.

> A inscrição num dos marcos fronteiriços da modernidade: Não haverá fronteiras no futuro – nas artes já se realizou, desde o princípio se realizou. Uma obra universal é aquela que traduzida para outra língua e para outra era – na tradução para a língua de outra era, o mínimo – nada – se perde. Tendo dado tudo à sua própria era e terra, tudo será dado mais uma vez a todas as terras e eras. Ao revelar sua própria era e terra até seus limites – revela-se de modo ilimitado tudo o que não é nem terra nem era: por eras eternas.[30]

Eis o que exige da tradução Marina Tsvetáieva. Evidentemente, não é a pretensão aqui que, de uma língua para outra, no caso, do russo ao português do Brasil, nada se perca. O desejo é sempre que se perca o mínimo, já sabendo, previamente, que perder é inevitável. Tsvetáieva está certa quando diz que o poema é espírito desejoso de um corpo. Contudo, são distintos os ofícios: na tradução, temos que roubar o espírito de um corpo, a ideia já encarnada, dando-lhe nova figura e deformando, na melhor

---

29 T. Todorov, op. cit., 2011, p. 17.
30 M. Tsvetáeva, "O poeta e o tempo", in op. cit., vol. 6, p. 331.

das hipóteses, o mínimo. Em uma entrada de seu diário, Tsvetáieva nos alerta que o poeta sempre apaga os próprios rastros; na tradução, tendo sido feliz em reconstituir algumas pegadas, é preciso ousar repetir os passos – senão todos, ao menos os essenciais – para, aí sim, tomar o rumo de volta, apagando também os próprios rastros e sem derrubar muita coisa pelo caminho.

Se seguirmos pensando junto com Marina Tsvetáieva, então, são inevitáveis certas perguntas: seria permitido à pessoa que traduz o acesso a esse céu de poeta? Ou, mais ainda, seria requerido? Seria, no entanto, ainda que coincidam os ofícios, prudente arvorar os degraus imateriais da criação por esse céu? Existiria a integralidade exigida? E, finalmente, ao depositarmos na obra o mérito, ou seja, conectando universalidade e traduzibilidade, não correríamos o risco de condenar de uma só vez e de antemão a obra e as suas traduções?

Bem menos influenciada pelo romantismo que nossa poeta, e tendo atrás de mim todo o século XX, com suas tragédias, conquistas, contradições, e já um quinto deste XXI, que, em seu imediatismo, avança alheio às tradições, e também traz descobertas, minhas pretensões foram tanto mais modestas quanto técnicas. Não é a ideia aqui enfadar ninguém com um inventário das estratégias utilizadas em cada linha de verso ou prosa. Digo apenas que, buscando respeitar ao máximo os níveis compositivos dos poemas e ensaios (rimas, aliterações, assonâncias, ritmo, jogos de palavras, elipses etc.), persegui uma versão em português brasileiro que fosse a mais próxima possível dos originais e – conforme me ensinou uma vez um poeta amigo – "tersa", ou seja, íntegra, limpa, esmerada, correta e destituída de afetação.

Mas, como deve ser, a palavra final será sempre a de quem se dispuser a avançar para as páginas a seguir.

Paula Vaz de Almeida

A MARINA TSVETÁIEVA
Boris Pasternak, 1929

Tens razão, quando o bolso vasculhas,
E dizes: procura, escava, fareja.
Para mim tanto faz a névoa úmida.
Uma manhã de março, um caso que seja.

As árvores em doces casacos
No chão de goma acácia de pé,
Embora, por certo, aos galhos
O invólucro insuportável é.

O orvalho espalha ramas num calafrio,
Fluindo qual lã em pele de merino.
O orvalho foge, sacudindo, qual ouriço,
Na glabela, com um maço ressequido.

Para mim tanto faz as conversas
Pesco o que flutua de parte alguma.
Um pátio vernal, um caso que seja,
Quando, graças à neblina, ele turva.

Para mim tanto faz qual o molde
Do talhe do traje a mim destinado
Um caso que seja, como sono varre,
Nele o poeta está vedado.

Rodopiando em mangas distintas
Move-se como se fumaça fosse
Nos buracos da época fatídica
Num outro intransitável impasse.

Escapa, fumegando, dos sorvedouros
Do destino, achatados como um cálamo,
E os netos dirão, como da turfa:
Qual a época, em chamas, arde.

Poesia

A ALEKSANDR PÚCHKIN

"O iniciador da literatura russa moderna", como definiu Boris Schnaiderman; "solar e meteórico", na síntese de Homero Freitas de Andrade; "o Sol da poesia russa", como dizem na Rússia, Aleksandr Serguéievitch Púchkin (1799-1837), a despeito dos epítetos que carrega, não é tão conhecido pelo público brasileiro quanto os grandes romancistas Lev Tolstói e Fiódor Dostoiévski. No entanto, tudo aquilo que viria a ser o que comumente conhecemos como "a grande literatura russa humanista do século XIX" é iniciado por Púchkin, que influenciou a geração anterior à sua, a sua própria e determinaria tudo aquilo que se faria a seguir na Rússia em termos de criação literária.

Filho de um membro da pequena nobreza e oficial da Guarda Imperial com a neta do famoso general negro de Pedro, o Grande, formou-se na primeira turma do Liceu de Tsárskoie Selo, onde ingressou em 1811 e onde faria sua estreia literária, atuando ativamente na vida estudantil, embora não estivesse entre os alunos mais aplicados. Instituição exclusiva da nobreza e criada para formar os quadros do alto escalão da burocracia imperial, oferecia uma educação que ia de moral e oratória em russo, latim, francês e alemão, a física e matemática, passando por história, belas-artes e práticas esportivas.

Apesar da formação clássica, Púchkin era um homem de seu tempo, comportando-se, muitas vezes, como um dândi romântico. Entediado com as funções do cargo no Ministério dos Negócios Estrangeiros que ocupara após a formatura, em 1817, o poeta se entrega à vida desregrada da capital. Jogatina, cabarés, teatros, saraus literários e reuniões políticas de caráter conspiratório são suas principais ocupações, ao lado da intensa atividade literária e alguns duelos. Em 1819, o interesse pelas ideias revolucionárias o atrai para a "União para a Prosperidade", sociedade secreta cujo ápice foi a Revolta dos Dezembristas em 1825, na praça do Senado, em São Petersburgo. Datam daí os primeiros poemas de crítica social de Púchkin, de revolta contra os desmandos da autocracia, pelo fim da servidão da gleba e de denúncia da miséria em que vivia o povo. Os versos subversivos do poeta corriam de mão em mão e, assim, incendeiam a juventude e irritam o poder. Púchkin começa a ser perseguido. Primeiro, o tsar Alexandre I, que a essa altura proferia discursos de cunho liberal, planejava enviá-lo para trabalhos forçados na Sibéria; depois, decide apenas conduzi-lo a Ekaterinoslav (atual Dnipro), para "regeneração".

Púchkin ficou longe das capitais, Petersburgo e Moscou, de 1820 a 1826, obtendo o direito de retorno apenas após a morte de Alexandre I e a ascensão de Nicolau I ao trono. Durante o degredo, esteve na Moldávia, na Crimeia, no Cáucaso, em Kiev e Odessa, tanto por vontade própria quanto por punição, extraindo de toda parte material para suas composições, e em toda parte promovendo performances excêntricas, escandalizando as sociedades locais, envolvendo-se com mulheres casadas e provocando duelos. É de 1821 uma famosa disputa em que enfrentou o oponente comendo cerejas e lhe cuspindo os caroços. Foi em 1824, em razão de um romance com a condessa Vorontsova, esposa do governador, seu chefe imediato em Odessa, que Púchkin teve sua correspondência interceptada pela polícia, foi destituído do serviço público e enviado para a propriedade da família em Mikháilovskoie, perto de Pskov. O pretexto da polícia seria um bilhete em que o poeta falava sobre ateísmo.

Confinado em Mikháilovskoie, por um lado, dedica-se intensamente à leitura, debruçando-se sobre Dante, Cervantes, Shakespeare, Goethe, Schiller, W. Scott; por outro, volta-se ao estudo do folclore e da língua russa popular, coletando provérbios, ditados e expressões nas conversas com sua velha ama e nas feiras e festas locais. A língua russa como material de composição e a preocupação em dar a esses modos do falar popular forma e dignidade literárias, bem como a temática voltada para a história e o caráter nacional russo, marcam o início de uma nova etapa na práxis de Púchkin. Entre seus principais escritos do período, destacam-se os poemas longos "Ruslam e Liudmila", "O prisioneiro do Cáucaso", "Os ciganos" e o cômico "O conde Núlin", também os curtos de pura lírica, como "O demônio" e "Ao mar", além da tragédia *Boris Godunov* e dos primeiros capítulos do romance *Evguiéni Oniéguin*, ambos em versos.

Finalmente, em setembro de 1826, depois de demoradas tratativas, consegue permissão para deixar o exílio. Se a relação com o poder sob Alexandre I tinha sido difícil, com Nicolau I, a situação do poeta se agravaria. Seu retorno inicia-se com uma audiência entre ele, o poeta subversivo amigo dos dezembristas, e o tsar em pessoa, que lhe estabelece duas condições: autonomeia-se censor de suas obras e o proíbe de escrever contra o poder. São muitas as referências a esse encontro nos poemas a seguir, uma delas é a de que Nicolau I teria dito nos círculos próximos da corte que estivera com "O homem mais sábio da Rússia". Daí em diante, a polícia e a censura permanecerão sempre em seu encalço, ora pelo poema *André Chénier*, ora pelo poema longo *Gavrilíada*, ora por uma viagem sem permissão ao Cáucaso, que, aliás, rende-lhe material para mais uma série de obras, incluindo o poema narrativo *Poltava*, de 1829, sobre o envolvimento do *hetman* cossaco Ivan Mazepa na Batalha de Poltava, em 1709, entre Suécia e Rússia. Finalmente, nesse mesmo ano, conhece Natália Gontcharova, com quem se casará em fevereiro de 1831.

As dívidas decorrentes da vida desregrada, regada a jogatina e farra, vão se somar às adquiridas com o casamento; a hipoteca da propriedade recebida do pai em Boldino não é suficiente para as despesas, tampouco o é o salário de conselheiro da corte do Ministério dos Negócios Estrangeiros, cargo atribuído pelo tsar que, encantado com a beleza da mulher do poeta, torna-a presença obrigatória na corte. Ao mesmo tempo, Nicolau I incumbe-lhe da escrita de uma história de Pedro, o Grande, e lhe permite acesso aos Arquivos do Império. No curso do trabalho de pesquisa, as atenções de Púchkin voltam-se a outro momento da história russa: a Revolta de Pugatchov, levante camponês e cossaco liderado por Emilian Pugatchov entre 1773 e 1775; com impressionante abrangência territorial, representou uma ameaça séria ao reinado de Catarina, a Grande. Assim, em 1833, a fim de recolher relatos de contemporâneos do líder cossaco, viaja a Cazã e Orenburgo; depois se recolhe em Boldino e escreve seu *História de Pugatchov*. É também dessa temporada o poema longo *O cavaleiro de bronze*, considerado por muitos a maior obra em verso da literatura russa. O livro inspirou as gerações seguintes de revolucionários por estampar a crueldade do poder para com a pessoa comum, ou "o homem sem importância", como ficou conhecido esse personagem típico da literatura russa, que encontra em Evguéni um precursor, em contraste com a imponente e opressora estátua equestre de Pedro, o Grande. Em sua revisão, Nicolau I inseriu cortes e correções, com os quais Púchkin jamais concordou e, assim, durante sua vida, o poema não conheceu a luz do dia.

Seu último período artístico foi marcado, além da produção lírica, pelo interesse nos contos maravilhosos, que recria em versos, e na prosa. A primeira incursão nesse campo ocorrera em 1827, quando se voltara às pesquisas sobre Ibrahim Petróvitch Hannibal (ainda: Gannibal ou Aníbal), em busca das raízes africanas de que tanto se orgulhava. O resultado é o romance inacabado publicado postumamente sob o título de *O negro de Pedro, o Grande*, que pode ser lido como um conto. São diversas as referências na obra de Púchkin à terra de seu trisavô, das quais a mais famosa está no verso da obra-prima *Evguéni Oniéguin*, "Sob o céu da minha África", como era conhecido o desejo do poeta de um dia visitar aquele continente. Em carta ao amigo Piotr Viázemski, reclama da "maldição da Rússia", onde é obrigado a ficar "em um cabresto", já que o tsar não lhe permite viajar ao exterior.

Ainda como resultado das pesquisas no Arquivo, escreve seu único romance *A filha do capitão*, iniciado em 1834 e concluído em 1836, cujo enredo gira em torno da Revolta de Pugatchov, além da novela *A dama de espadas* e alguns contos. Talvez estes tenham sido os anos mais dramáticos da vida do poeta. Natália Gontcharova já era a essa altura "a rainha dos bailes", e Púchkin endivida-se ainda mais para fazer frente aos gastos advindos das exigências imperiais. Por ciúme e insistência do companheiro, impedido de frequentar a corte por não contar com titulação à altura, sua esposa diminui a assiduidade nas festas e nos bailes. Diante disso, Nicolau I concede a Púchkin o título de pajem imperial, o que, junto com os trajes, não deixava de soar ridículo para sua idade. O poeta pretende devolver o título e pede demissão do Ministério, mas o tsar recusa e ainda ameaça de impedir seu acesso aos Arquivos. Púchkin volta atrás. Além disso, encontrava-se isolado de seus companheiros liberais, que viam com maus olhos suas relações com o tsar, e era frequentemente atacado pelos monarquistas empedernidos na imprensa e nos meios sociais. Quando finalmente consegue permissão para publicar sua revista literária trimestral, *Sovremiénik* [O contemporâneo], a censura não lhe dá paz.

Enquanto isso, os rumores de que Gontcharova tinha um caso com o barão George Charles D'Anthès, um francês protegido do embaixador da Holanda, vão ganhando cada vez maiores proporções, a ponto de a fofoca e os comentários maldosos tomarem a corte e deixarem o poeta possesso. Púchkin faz cenas de ciúmes, desafia o barão para um duelo, enquanto a mulher lhe assegura que da parte dela a relação não passaria de *coquetterie*. Ainda em 1836, o poeta recebe um diploma de "grão-mestre da ordem dos cornudos". O casamento de D'Anthès com a irmã mais nova de Gontcharova, Ekaterina, em janeiro de 1837, ao qual Púchkin se recusa a comparecer, não diminui a boataria. Nesse mesmo mês, ele recebe uma carta anônima dando conta de um encontro entre sua esposa e o barão, em que este teria proposto que ela abandonasse o marido para fugir, e ameaçava cometer suicídio caso recebesse uma resposta negativa. Púchkin, então, escreve a sua carta, bem pouco elogiosa e até um tanto ofensiva, ao embaixador holandês, e D'Anthès, para defender a honra de seu protetor, desafia o poeta em duelo.

Desafio aceito, o enfrentamento ocorre em 27 de janeiro daquele ano nos arredores de Moscou. Era inverno e o campo da disputa estava coberto de neve. D'Anthès é o primeiro a atirar, acerta a barriga de Púchkin que, caído, atira de volta e acerta-lhe o braço. O poeta é levado para casa e à sua porta acode uma multidão, feita não de aristocratas ou cortesãos, mas do povo simples que se junta para rezar pelo restabelecimento do seu poeta. No dia 29, ele falece e uma semana mais tarde será sepultado em Mikháilovskoie.[1]

---

1   Cf. H.F. de Andrade, "Cronologia da vida e da obra de A. S. Púchkin", in *Dossiê Púchkin*, 2004, p. 123-137.

***

O ciclo *Poemas a Púchkin* foi composto entre 1931 e 1933 e revisado para publicação em 1937. Por ocasião do centenário da morte do grande poeta russo, preparavam-se homenagens na Rússia soviética e entre os emigrados de Paris. Nesse contexto de lados ferrenhamente rivais, cada qual buscando um Púchkin que melhor representasse seus interesses, Tsvetáieva pretende fazer a sua própria intervenção, revelando um Púchkin que não tem "nada a ver com o Púchkin canonizado, mas tudo a ver com o oposto do cânone", que "não foi morto por D'Anthès. Foi morto por dentro", conforme escreve a Anna Teskova em carta de 26 de janeiro de 1937.[2]

2 M. Tsvetáieva, op. cit., vol. 6, p. 448.

Poemas a Púchkin

1 "Flagelo dos gendarmes, deus dos estudantes..."

Flagelo dos gendarmes, deus dos estudantes,
Dos maridos a bile, das esposas o deleite,
Púchkin — no papel de monumento?
Um hóspede de pedra? — ele,

Trocista, observador insolente,
Púchkin — no papel de comendador?

A crítica — lamuriando, chorosa — ecoa:
"Onde é que está o puchkiniano (explosivo)
Sentimento do metro?" O sentimento — do mar
Foi esquecido — sobre o granito

Pulsante? Aquele Púchkin
Salgado — no papel de léxico?

Duas são suas pernas — aquecem-se —
Estiradas, e também sobre a mesa,
Saltando por cima dos autocratas
A insubordinação africana —

O gargalhar dos nossos bisavôs —
Púchkin — no papel de tutor?

O preto no branco
Não se repinta — é incorrigível!
Nada mal o clássico russo,
O céu da África — era o dele

— O do Nevá, que chama — uma maldição!
— Púchkin — no papel de um russo puro?

Oh, augúrios barbados!*
Um baile poderia, poderia lhes dar
Aquele que a censura dos tsares
Apenas com tolo fez rimar,

Já a *Evrópy Viéstnik*** — com...
Púchkin — no papel de coveiro?

Para o jubileu de Púchkin
Também faremos discursos:
Os rosados e os *mais sombrios*
A todos até aqui no mundo,

Os vivazes e os mais vivos!
Púchkin — no papel de mausoléu?

Ora, ora, para as isbás*** puchkinianas
Entulhem os próprios — lixos!
Como se da alma! Como se do canhão —
Como Púchkin — sobre os rouxinóis.

Aos falcões do voo, as palavras!
— Púchkin — no papel de metralhadora!

---

*   Referência a uma lei proclamada pelo imperador Pedro, o Grande, que determinava que os boiardos [como eram chamados os membros da aristocracia russa do século X ao XVII] deveriam cortar suas barbas e vestir-se ao modo ocidental. [N.T., como todas a seguir].
** Tsvetáieva inverte os termos que compõem o título do periódico: *Viéstnik Evrópy* [Notícias da Europa], revista de literatura, cultura, política e filosofia europeias, fundada em 1827, foi alvo de severo monitoramento e censura por Nicolau I.
*** Isbás são habitações camponesas típicas da Rússia.

Os ouvidos rebentam com o clamor:
"Diante de Púchkin, sentido!"
Mas onde foi parar o calor
Dos lábios, onde foi parar — o motim do

Púchkin? A maldição das bocas?
Púchkin — no metro puchkiniano!

Os tomos dispostos nas estantes —
Provocam-lhe risada,
Sua própria fuga que o confunde
Com a branca raiva!

Sangue branco do cérebro, azul do
Necrotério — com o esgar do negro,
A garganta saliente...

Ele, o cavaleiro de bronze, saltaria,
Com todos os cascos — para trás.
Covarde foi o pobre Vânia,
Ora, mas covarde é o que ele *não é*.

Este que olha a todos os países —
No papel da própria Tatiana?

O que fazeis, anões,
Este — azul-claro das olivas —
É a mais livre, a mais extrema
Fronte — que para sempre foi marcada

A infâmia da dupla unidade
Do ouro e da mediocridade?

"Púchkin — a toga, Púchkin — o plano,
Púchkin — o metro, Púchkin — a faceta..."

Púchkin, Púchkin, Púchkin — o nome
Nobre — como uma afronta

Obscena — do papagaio.

— Púchkin? E que susto tomaram!

25 de junho 1931

2   Pedro e Púchkin

Nem frota, nem suor, nem traseira
De retalhos, nem suecos aos pés,
Nem a soma — de qualquer fileira,
Nem a ruína — a tudo que tem prazo,

Nem sonda, nem bote, nem cerveja
Aos alemães entre o tabaco e a fumaça,
E nem o milagre-de-Pedro que seja
Ela própria (a sua Pedro-obra!).

E o maior ainda seria pequeno
(Não é um fardo, se dado por Deus!)
Se ele não tivesse trazido o negro-
-Aníbal para a branca *Rus*.

Ao vencer a ciência, esse africano
Miúdo a todos os narizes russos
Assoou e ensinou — é neto
De *negro* — a luz da *Rus*!

Apesar de inquieto — em guarda
Não se poria! — "Livre? Por obséquio!
Tanto eu sou o rei da mascarada
Quanto tu — um pajem do Império!"

Sem saber da espuma e da pedra-pome
Daquela África — o tsar-das-letras
Decidiu: "Doravante — serei *eu* o censor
De tuas paixões africanas."

E com um tapa na cernelha
Crespa (tosa-não-tosa!):

"Vai-te, filhinho, fica em casa
Com a tua selvagem África!

Navegue — e pelo que foi não te aflijas!
O chá está nas velas de quem sopra!
Se o enfado vem — assim, regressa,
E se não — nem vem bater à porta!

É uma ordem: as névoas gélidas
Abandona — e metro a metro
Explora as terras tórridas
E nos mostra com teu verso."

E ao largo do séquito ilustrado,
Abandonado — justo no armazém,
O gigante, que o vate havia libertado,
Disparou — pela Terra ou *além*?

Aquele trigueiro, para as neves da Rússia,
Não foi feito — é o Ismael das neves!
Um pássaro de além-mar ele já seria
Se o Arquivo lhe exaurido não tivesse!

Aquele célere não pelo eslavo
Sangue é *também* — um mestiço!
E já com ele nos arquivos pátrios
O gosto da vida não teria perdido!

Já contigo formaria bela dupla!
Numa mesura sem cerimônia,
Por Nicolau — degradado,
Seria por Pedro — outorgado!

Com "sentimento pátrio", a revista
Dos gendarmes não cobriria!

Já não lhe teria lançado — a vista
Do basilisco! — nem a boca congelaria.

Já não teria amarfanhado os fins de
Poltava, não teria a pena embotado.
Por obra do indigno descendente —
Escória — agárico de Pedro

Foste enviado ao condado da Moldávia,
Pois sim com ela — seria outorgado
Por aquele — que odiando a covardia
Dos homens — o filho apavorado

Assassinou.* — "Um restolho
Eu sou? — Eis que nasça! e cresça!"
O negro era à vera o seu filho,
Assim como o abneto à vera —

Tu restas. Uma conjura de idênticos.
E eis que sem pedir às parteiras
Do gigante eleito o abneto
De Pedro o espírito herdara.

E o passo, e a mais luzente luz do
Olhar que ainda luzia...
O último — o póstumo — o *i*mortal
Presente de Pedro à Rússia.

2 de julho de 1931

---

*   Em 1718, Pedro I assinou a sentença de morte de seu próprio filho, o tsariévitch Aleksei, em torno do qual os opositores reacionários das reformas de Pedro se agrupavam.

3 (O torno)

Toda a sua ciência —
Potência. Claro — vejo:
De Púchkin a mão aperto
Mas não lhe beijo.

Ao trisavô — a companheira:
Naquele mesmo estúdio!
Como se cada rasura feita
Fosse de próprio punho.

Sob a pequena pilha ele, o livre?
Eu, no caldeirão dos milagres
Com este — parênteses aberto
Que vale quanto — pesa,

Imagino os erros da escrita —
O sentido, em suma — completo.
Pois que não há uma pesquisa
Maior que a do parentesco!

Cantava-se — como cantar-se-á
E assim é hoje ainda.
Sabemos como "se dá"!
Sobre ti, "ninharia",

Sabemos — como é suar!
De ti, a pincelada,
Eu sei — como é desejar
O bosque — o *vozok** — o baile...

---

* Tipo de trenó de inverno fechado usado na Rússia até fins do século XIX.

E como é — desejar adormecer!
Sobre a flor do amor —
Eu sei, como é o ranger
De dentes de ébano!

As penas afiadas —
Eu sei como as reparava!
E como das suas tintas
Os dedos nunca secaram!

Mas por isso — entre velas
Derretidas, batalhas de cartas —
Eu sei — como se dera!
Dos espelhos, das espaldas

Nuas, das taças
No chão quebradas —
Eu sei, como se escapa
Para a mesa nua!

No combate sem crime:
De si — contra si mesmo!
— Não se batam por Púchkin!
Pois com ele — lhes bato!

1931

4 "A superação..."

A superação
Da rotina russa —
O gênio de Púchkin?
O músculo de Púchkin

Na esfoladura
Do cachalote do destino —
O músculo do voo,
Da corrida,
Da luta.

Contra a volúpia da manhã
Batia-se — vivaz!
Da corrida rasa,
Da longa marcha —

O músculo. O músculo
Das fugas das estepes,
Do bote que a margem
Busca pela voragem.

Não lhe adoeceu
O sangue russo —
Oh, nem da camelina
E nem da bovina

Veia (o zelo da
correia não lhe pula!)
O coração do corcel
É o meu músculo!

Ao maior balastro —
A mais bela postura!
Músculo de ginasta
E de prisioneiro

Que na corda
Das próprias veias
Da casamata —
Decolou como falcão!

Púchkin — contra a autoridade
Das mãos do monarca
Batia-se talqualmente
Até a morte — como se bate

(A potência — subia
A força — crescia)
Contra o músculo da vaga
O músculo do remo.

Alguém que ao coche
Carregou: "De atleta
A musculatura,
Mas não de poeta!"

Pois — no serafim
A força — estava:
No inabalável
Músculo — da asa.

10 de julho de 1931

5 (O poeta e o tsar)

I

Sob a colunata
Dos tsares.*
— Quem é em firme
Mármore?

Com tanta majestade
E um *barm*** d'ouro.
— Um maldito gendarme
Por Púchkin, famoso.

O autor — detratou,
O manuscrito — mutilou.
O carniceiro besta-fera —
Na fronteira polonesa.***

Olhar vigilante!
Não esquece nunca:
O assassino do vate
É o tsar Nicolau
Primeiro.

12 de julho de 1931

---

*   Trata-se de uma galeria em torno do monumento a Alexandre II localizado no território do Krêmlin de Moscou; seu teto era decorado com retratos em mosaico dos ancestrais de Alexandre II.
** Espécie de gola ou colar, cravejado de imagens de santos e/ou pedras preciosas, usado em trajes de cerimônias reais até o século XV.
*** Referência à crueldade com que Nicolau I reprimiu o Levante de Novembro (ou Revolução dos Cadetes) na Polônia em 1831. Como resultado, a Rússia anexou aquele país como sua província.

II

Não rufava o tambor ante o regimento vago,
Quando nós sepultamos o guia:
Nos dentes do tsar sobre o morto bardo
Batiam os rufos da honraria.

É esta a honra, aos amigos próximos —
Não há lugar. Aos pés, na dianteira,
E à direita, e à esquerda — mão no colete —
Os peitos e as carrancas dos gendarmes.

Não espanta — que no mais calmo camarote
Jaz agora sob vigilância o garoto?
Pois qualquer, qualquer coisa semelhante
A esta honraria, é demasiado — honroso!

Vede, país, dizem, como apesar da boataria
O monarca ao poeta honrarias rende!
Honroso — honroso — honroso — arqui-
-honroso — a honra — o diabo carregue!

Quem é que — tal bando o bandido
À bala ferido — conduzia?
Um traidor? Não. Pela porta de serviço —
O homem mais sábio da Rússia.

Meudon, 19 de julho de 1931

III

O poder do povo que derrubou o trono
Não foi capaz de abolir a discórdia:
Não incumbir ao carrasco o enterro
Dos mortos, aos censores — as exéquias

De Púchkin. Numa data desconhecida,
Para prevenir rebeliões.
Não transportar em (grandiosa!) surdina
Por uma rota de ladrões —

Não condenar à treva final,
Ao surdimutismo apenas
O corpo talhado tal e qual
As tesouras — os poemas.

19 de julho de 1933

A BORIS PASTERNAK

Boris Leonídovitch Pasternak (1890-1960), uma das figuras mais enigmáticas da literatura russa do século XX, como bem nota Michel Aucouturier,[1] é mais famoso como autor do best-seller *Doutor Jivago* (1957) e pela recusa forçada ao Nobel, ao qual foi nomeado após a primeira publicação do romance no exterior, em 1958, do que como poeta. Filho do respeitado pintor Leonid Pasternak e da pianista Rosa Kaufman, cresceu em uma estimulante atmosfera de arte, literatura, música e cultura, não só por influência dos pais, mas também de amigos e conhecidos do casal, como Lev Tolstói, Rainer Maria Rilke e Aleksandr Scriábin. Como artista, forma-se em uma época na qual a escola simbolista – que colocara a poesia de volta ao centro da cena literária russa –, começa a dar sinais de esgotamento e, como resposta, surge de maneira arrebatadora o movimento futurista, ou cubofuturista. Assim, num breve primeiro momento, tentou mesclar as duas tendências em sua lírica; depois abraçou cada vez mais as descobertas de Maiakóvski e seus companheiros, desenvolvendo, a partir daí, uma poética própria e se destacando, definitivamente, como uma das principais vozes da lírica russa.

[1] M. Aucouturier, "Le poète e la vie", in *Pasternak par lui-même*, 1963.

Tsvetáieva e Pasternak não se conheceram em Moscou. A amizade entre os poetas desenvolveu-se ao longo de uma troca de cartas que duraria cerca de quinze anos, iniciada em 1922, quando Iliá Ehrenburg transmite a ela a primeira carta dele, de 14 de junho, que vinha acompanhada de um presente: o livro de poemas *Minha irmã – a vida*. Em sua resposta, de 29 de junho de 1922, Tsvetáieva escreve: "Esperarei pelo teu livro – e por ti."[2] Teria início aí uma correspondência que constitui um impressionante intercâmbio artístico, cujo ponto alto se deu no verão de 1926, quando Rilke se juntou aos jovens poetas para formar um inusitado triângulo epistolar.

Marcada por uma intensa troca de ideias sobre arte, poesia, vida cotidiana e política, incluindo poemas mutuamente dedicados, o encontro no plano textual foi marcado também pelo desencontro, ou o "não encontro", para colocar em termos tsvetaievianos, no plano físico. Quando Pasternak escreve a primeira carta, ainda sob o efeito da leitura de *Verstas II*, publicado em Moscou em 1921, planejava viajar a Berlim dentro de algumas semanas e esperava poder se encontrar com a poeta. O encontro, todavia, não aconteceu. Pasternak chega a Berlim em 15 de agosto. Duas semanas antes, em 31 de julho, Tsvetáieva tinha deixado a cidade com destino a Praga, onde Serguei Efron contava com uma bolsa de estudos na Universidade Karlova. Esse desencontro acabaria por se tornar o *leitmotiv* da relação nascente: "De uma maneira ou de outra, o seu 'esperarei por ti' revelou-se pura liberdade poética em 1922 e uma verdade humana absoluta ao longo dos anos seguintes." – escreve Ariadna Efron em suas memórias sobre a mãe.[3]

---

2   M. Tsvetáieva, op. cit., vol. 6, p. 225.
3   A. Efron. *О Марине Цветаевой: Воспоминания дочери* [Sobre Marina Tsvetáieva: Memórias de filha], 1989, p. 20.

A leitura do livro de Pasternak, *Minha irmã – a vida*, causou em Tsvetáieva um grande impacto, a ponto de incentivá-la não apenas a escrever uma carta em resposta a Pasternak, mas também um ensaio, no qual declara: "Pasternak é o maior poeta. Ele é agora o maior de todos: a maior parte dos atuais foi, alguns são, ele é o único que será."[4] E em seu diário, numa nota de 24 de junho de 1924, lê-se: "Meu irmão da quinta estação, do sexto sentido e da quarta dimensão – BP [Boris Pasternak]."[5] Passados nove anos, insere a anotação: "(E do sétimo céu – acrescento eu em 1933)."[6]

---

4   M. Tsvetáieva, op. cit., vol. 5, p. 233.
5   M. Tsvetáieva, *Неизданное. Свободные тетради*, подгот. текста и коммент. Е. Б. Коркиной и И. Д. Шевеленко, [Não publicados: cadernos livres, preparação de texto e comentários de E. B. Korkina e I. D. Chevelenko], 1997, p. 319.
6   Idem.

"Sei que morrerei no crepúsculo!
Em qual dos dois será..."

Sei que morrerei no crepúsculo! Em qual dos dois será,
Junto de qual deles — não se decide por uma ordem!
Ah, seria possível a minha chama duas vezes se apagar!
Para que seja ao cair e ao sair do sol d'uma só vez!

Num passo de dança passou pela Terra! — Do céu, a filha!
Num avental repleto de rosas! — Sem um broto violar!
Sei que morrerei no crepúsculo! — A noite vulturina
À minh'alma de cisne Deus não há de enviar!

Ao levar a mão delicada à cruz não beijada,
Do céu dadivoso a última despedida colherei.
A fenda do crepúsculo — e a do riso em resposta...
Eu, ainda no suspiro da morte, poeta restarei.

Moscou, dezembro de 1920

"Com a paciência de quem o cascalho quebra..."

Com a paciência de quem o cascalho quebra,
Com a paciência de quem a morte espera,
Com a paciência de quem a notícia gesta,
Com a paciência de quem a vingança acalenta,

Esperarei por ti (dedos no torniquete —
Tal concubina esperando a freira)
Com a paciência de quem a rima espera,
Com a paciência de quem os braços aperta.

Esperarei por ti (à Terra — olha,
Dentes rentes nos lábios. Tétano. Paralelepípedo).
Com a paciência de quem a felicidade prolonga,
Com a paciência de quem miçangas coloca.

O rangido do trenó, da porta o rangido
Em resposta: o ronco do vento da taiga.
E vem o decreto mais altivo:
— A troca do império e do rico-homem a chegada.

E em casa chego:
No extraterreno —
Meu reino.

27 de março de 1923

Uma carta

Assim o carteiro não se aguarda
Assim se aguarda — a carta.
Uma folha retalhada,
Em torno a faixa
De cola. Dentro — o dito.
E a felicidade. E isto — é tudo.

Assim a felicidade não se aguarda,
Assim se aguarda — o fim:
A continência da tropa
E no peito — o chumbo
De três gomos. Nos olhos o rubro
E só. E isto — é tudo.

Não, a felicidade — é velha!
A flor — o vento levou!
O quadrante do pátio
E dos canos pretos.

(O quadrante da carta:
De tintas e sortilégio!)
Para o sono da morte
Ninguém está velho!

O quadrante da carta.

11 de agosto de 1923

"As lesmas rastejantes dos dias..."

As lesmas rastejantes dos dias,
… Costureiras diárias das linhas…
De que me serve a própria vida?
Pois não sendo tua, tampouco é minha.

E quanto ao meu próprio mal
Não importa… — A comida? O sono?
De que me serve o corpo mortal?
Pois não sendo teu, é meu tampouco.

Janeiro, 1925

"Distância: verstas, milhas..."

Distância: verstas, milhas...
Nos de-finiram, de-terminaram,
Para que o silêncio nos levasse
A dois cantos díspares da terra.

Distância: verstas, lonjuras...
Nos descolaram, dessoldaram,
Distaram, crucificadas, duas mãos
E sem saber que isto é — a fusão

Das inspirações e dos tendões...
Não desaviram — derramaram,
Demarcaram...
A parede e a guia.
Nos dispersaram, como a águia

Dos conspiradores: verstas, lonjuras...
Não desaviaram — desarmaram.
Nos arrabaldes das latitudes do globo
Nos distribuíram, como a órfãos.

Ora, já qual é — qual é então — este março?!
Nos dividiram — como as cartas de um maço!

24 de março de 1925

"Ao centeio russo, minha saudação..."

Ao centeio russo, minha saudação,
Ao campo, onde se oculta a camponesa...
Amigo! Há chuva em minha janela,
Tormentos e caprichos no coração...

Na melodia da chuva e dos tormentos —
És como Homero nos hexâmetros.
Dê-me o braço — num mundo todo outro!
Aqui os meus estão — ambos ocupados.

Praga, 7 de maio de 1925

A VLADÍMIR MAIAKÓVSKI

O nome de Vladímir Vladímirovitch Maiakóvski (1893-1930) não raras vezes vem acompanhado do epíteto "o poeta da Revolução". Além de poeta revolucionário, foi também uma pessoa revolucionária no sentido político, marxista do termo. Aos quinze anos, já militava no partido bolchevique e foi preso duas vezes, acusado de atividades subversivas. Talvez nenhum dos grandes de seu tempo – e como sabemos não foram poucos os grandes – entregou-se assim, de corpo, alma e voz, ao ideal de construir uma nova sociedade, justa e igualitária, ou, em suas palavras, "o comum monumento:/ o socialismo,/ forjado/ na refrega/ e no fogo".[1] Com sua famosa camisa amarela, arrebatava multidões, que lotavam os espaços das cidades por onde o poeta passava, para assistir ao tribuno dos prodígios da praça declamar seus poemas-canhões. Mas eis que foi inaugurado um tempo em que a poesia não era mais bem-vinda. Abriu-se fogo cerrado contra a criatividade e a complexidade que Outubro havia conferido às artes, e o poeta foi acusado de *incompreensível para as massas*. A esse ataque, Maiakóvski respondeu com versos que até hoje ensinam importante lição: o livro bom é caro e necessário a todos, não só ao artista, ao intelectual, ao político, mas a

[1] V. Maiakóvski, "A plenos pulmões" in *Poemas*, 2017, p. 226.

toda gente, do operário ao camponês. Como alertou Leon Trótski: as artes ficaram sob o comando "de pessoas que converteram a sua própria falta de cultura em medida das coisas".[2] O tempo havia, de repente, tornado-se imune às palavras do poeta, aos seus apelos, aos seus petardos, e ao homem encurralado pareceu não haver outra saída a não ser a do ponto-final de um balaço.

A relação de Tsvetáieva e Maiakóvski, é preciso dizer, não foi pautada pela mesma reciprocidade encontrada por ela em Pasternak. É verdade que Maiakóvski reconhecia seu talento na poesia, mas era comprometido demais com a causa revolucionária para aceitar alguém associada aos setores contrarrevolucionários. Tsvetáieva tinha consciência disto, em grande parte devido à sua correspondência com Pasternak, por meio da qual tomara conhecimento dos esforços do amigo para vê-la publicada em seu país e da resistência de Maiakóvski, que, ademais, chegou a escrever contra ela na imprensa soviética. Contudo, de maneira coerente com sua ética particular sobre a conduta do artista e o papel da arte, com sua filosofia sobre *a arte à luz da consciência* e com seu compromisso com a verdade superior da poesia, nenhuma animosidade por parte dele a impediu de declarar publicamente sua admiração e de formular versos e frases memoráveis sobre essa força da natureza chamada Vladímir Maiakóvski. Por exemplo, em "*Epos* e lírica na Rússia contemporânea", quando define com precisão:

> O estático em Maiakóvski vem de sua monumentalidade. Mesmo estando entre os corredores de pés mais ligeiros, ele é de mármore. Maiakóvski é Roma. A Roma da retórica. A Roma da ação. Maiakóvski é um monumento vivo. Um gladiador

---

2   L. Trótski, "Самоубийство В. Маяковского" ["O suicídio de Maiakóvski"] in *Biulletien Opposítsia* (*bolchevikov-leninitsiev*) [Boletim da Oposição (dos bolcheviques-leninistas)], n. 11, maio de 1930.

vivo. Repare nas saliências de sua fronte, repare nas órbitas de seus olhos, repare em suas mandíbulas. Um russo? Não. Um operário. Nesse rosto, os proletários de todos os países não apenas se uniram – mas se unificaram, reuniram-se em um só rosto. Este rosto é tão coletivo como um substantivo. Um nome anônimo. Um rosto impessoal. Assim como há rostos que trazem a marca de uma aventura internacional, esse rosto traz a própria marca do proletariado, com esse rosto o proletariado poderia imprimir a sua moeda e os seus selos.[3]

Essa admiração lhe custou caro na emigração. Muitos dos integrantes da assim chamada comunidade da literatura russa no estrangeiro, sobretudo os mais conservadores, viram na insistência de Tsvetáieva em Maiakóvski uma aderência, ainda que tardia, à Revolução, além de um endosso à União Soviética. Tal sentimento agrava-se ainda mais quando, em 1930, ao saber do suicídio de Maiakóvski, a poeta lhe dedica o ciclo que aqui publicamos, pois há nele a defesa explícita de um poeta que era tido como a voz do mundo socialista. O que a maioria de seus contemporâneos da Paris russa via como um demérito de Maiakóvski – por exemplo, o fato de ter sido preso por suas atividades revolucionárias –, Tsvetáieva considera o indício dos méritos do poeta, que começou acertando as contas com seu tempo.

---

[3] M. Tsvetáieva, op. cit., vol. 5, p. 391.

Poemas a Maiakóvski

1

Para que a Terra não pereça
Sem camaradas impetuosos,
Oh, *Volodímir*,* criança, seja:
Do mundo todo, o dono!

---

* Jogo com o primeiro nome de Maiakóvski, "Vladímir", cujo significado é "dono do mundo".

2

Sangue *da Literatura** — não em sua
Essência, agora — derramam-no!
A cada sete dias ele circula.
O que partiu — uma vez em cem anos

Chega. O combatente de vanguarda
Foi abatido. Quais notas a capital
Ainda te reserva, será que guarda
Ainda mais um — editorial?

Depois de tudo, querido, temos:
Tchernovistas e miliukovistas:
"Vladímir Maiakóvski? Lembro.
Voz de baixo, dizem, e de camisa

Andava por aí"...
Eh, sangue-do-teu-sangue!
Como aceitar a notícia, pois,
Se o sangue de seu combatente
Número um — está na página dois
(Do *Izviéstia*.)**

---

* Referência ao nome do jornal russo-soviético *Literatúrnaia Gazieta* [Jornal da Literatura] fundado em 1929 por iniciativa de Maksim Górki, para ser o órgão oficial da União dos Escritores, naquele momento, em formação.

** Jogo de palavra com o título do jornal *Izvestia* [Notícias], fundado em 1917, funcionou até sua dissolução em 1991, sendo o principal periódico do período.

3

"De calçados fortes, duros
como o ferro, no caixão,
num simples terno escuro,
jaz o maior poeta da revolução."
(*Odnodnévnaia Gazieta* [Jornal do Dia], *24 de abril de 1930*)

De botas, aferradas com o ferro,
De botas, com que a montanha subia —
Por nenhuma manobra ou rodeio
Se esquivaria de cumprir a travessia —

Tanto foram gastas que brilharam
Em vinte anos de peregrinação.
Ao Monte Sinai do proletário,
Donde resta o guardião.

De botas — morada de dois aposentos,
Para que não se intrometa o *Jilotdel** —
De botas, com as quais, franzido o cenho,
O Monte trouxe — e tomou — bradou — cantou —

De botas *antes* e *sem* negativa
Pelos campos de Outubro não arados,
De botas — um quase escafandrista:
Soldado da infantaria, dito bem claro:

De botas na grande marcha,
Decerto, sobre os pregos de Donbass.

---

* Acrônimo russo para Жилищный отдел (Jilíschi otdel), que denomina o "Departamento de moradia".

Ao monte da dor de seu povo
De cento e cinquenta milhões

(da Gossizdat)**... — De qual linha
É a sua, qual ano, em que vez:
"Na fábrica de seu nada tinha!"
De todo povo ardor do monte — eis.

E nisso ia quando — ainda a prosa
Sobre seu Rolls-Royce seguia o rumo —
O morto aos pioneiros gritou: Em forma!
De botas — dando testemunho.

** Acrônimo russo para Государственное издательство (Gossudárstvennoe izdátelstvo), a "Editora do Estado".

4

*A canoa do amor se quebrou no quotidiano.**

Nem meia-pataca será colocada
Num caudilho desta sorte.
Que canoa é esta tua, camarada,
De qual dicionário colhe?

Na canoa, na do amor até mesmo,
Deixar-se tombar — é um escândalo!
Rázin** — não te teria sido páreo?
Melhor soube vencer o *quotidiano*.

Não é inovador — o remédio
Que jorra da torneira tua!
Rapaz, não é como proletário
Mas como teu amo que atuas!

Custou-nos os deuses e o útero
— O sangue, não o dia que alveja! —
Para virar o estofo branco
Da classe às avessas.

---

*   V. Maiakóvski, op. cit. p. 231.
** Referência a Stepan Rázin (1630-1671), líder cossaco de uma revolta popular contra a burocracia da nobreza de 1667 a 1671, durante o reinado do tsar Aleksei Mikháilovitch, também conhecido como "Aleixo da Rússia".

Tal na Tosca, qual um tipo
De cadete aflito deu — o tiro!
Rapaz! Não é *à la* Maiakóvski
Que atuas: mas à Chakhóvski.

A boina bem na testa
E — adeus, *mia* flor!
Como seu abneto vivera
Terminou — como seu bisavô.

Talqualmente em uma prova
Que te consuma — a vergonha:
O Werther russo-soviético.
O gesto russo-aristocrático.

Somente antes — no distrito,
Hoje em dia...
— És meu inimigo íntimo!
Pois nenhuma nova canoa
Do amor — há sob a lua.

5

Uma bala — na própria alma,
Como só fazem os inimigos.
O último templo desaba
Hoje, pela mão de um ímpio.

Mais uma vez não negou fogo
E pondo-lhe o ponto — a morte.
Tinha se feito coração ele todo,
Quando no rastro da bala — *stop*.

(No estrangeiro, nos encontros:
"Pois que caso! Que estrondo!
Ou seja: um coração também tem?
E tem o dele como temos o nosso?")

Uma bala — direto ao ponto,
Como numa feira o alvo.
(Não raro no lobo esquerdo
Negado — pela mulher no leito.)

Brilhante! Não te percas!
Ainda por mulher — o que há!
E a miserável Elena
— Tendo refletido — chamarás.

Só numa coisa, embora nobre,
O *leftista** nos espantou:
Só disparava e como mestre
À direita, já aqui — entortou.

Se à direita tivesse a lanceta
Desviado — vosso chefe estaria salvo.
Uma bala na porta esquerda:
Ora, o Cantor Central foi o alvo!

---

* Referência ao papel de dirigente que Maiakóvski desempenha na organização artística LEF, abreviação em russo para Левый Фронт Искусства (Fronte Esquerda das Artes).

6

Grãos cor de brasa
Na palma da mão eu boto,
Para que no abismo de luz nasça
Vermelho como o fogo.
(Schiller)

Como um rico-homem soviético,
Junto ao Sínodo completo...
— Saudações, Serioja!*
— Saudações, Volódia!

Cansaste? — Das miudezas.
— E de resto? — É coisa minha.
— Um tiro te deste? — O de sempre.
— Ardeste? — Perfeitamente.

— E então como andava a *vida*?
— De algum modo, passando.
... Foi mal, Serioja!
... Foi mal, Volódia!

---

* Trata-se do poeta Serguei Iessiénin (1895-1925), maior expoente do assim chamado Imagismo na poesia, contemporâneo e próximo de Maiakóvski. Suicidou-se em um quarto do Hotel Inglaterra, em São Petersburgo (Leningrado à época) no dia 28 de dezembro, e escreveu com o sangue dos pulsos cortados duas quadras de adeus a Maiakóvski, enforcando-se em seguida. Maiakóvski escreve um poema longo ao poeta e amigo.

E te lembras dos impropérios
Dos mais variados grupos
Contra mim em voz de baixo
Que arremessastes? — Muito

Bonito... — Ora, pois é um bote
Esta sua canoa do amor!
Foi por uma saia o seu bode?
— De vodca teria sido pior.

A cara inchada.
Até agora está de fogo?
Foi mal, Serioja.
— Foi mal, Volódia.

Porém — não foi navalha —
Foi limpo o serviço.
E assim se pôs a carta a
Bater? — O sangue caindo.

— Aplica um curativo.
— Bom é o colódio.
Vamos aplicar, Serioja?
— Vamos, Volódia.

E a Rússia, o que te parece —
A mãezinha? — Ou melhor,
Onde? — Na U-Erre-Esse-Esse,
Qual a nova? — Se constrói.

Genitores — geram,
Sabotadores — afiam,
Editores — mandam,
Escritores — rabiscam.

Ponte nova colocada
Pela enchente é levada.
Tudo igual, Serioja!
— Tudo igual, Volódia!

E o bando de coristas?
— Sabes, está moído o povo!
Estão nos tecendo louros,
Temos, como os mortos,

O bordão. É a velha Rosta*
Mas com a laca do futuro.
Mas não é que vá dar conta
Pasternak, o único.

Apliquemo-lho uma
Demão a tanta secura?
Vamos aplicar, Serioja?
— Vamos, Valódia!

Ainda se curvam a ti
— E que tal o nosso bom
Lessan Alieksanytch?
— Lá vem um anjo! — Fiódor

Kuzmitch? — Ali vai:
Vermelho e ofegante
No canal. — Gumliov, Nikolai?
— No Oriente.

---

*   Acrônimo russo para Российское телеграфное агентство (Agência telegráfica russa), responsável por parte da propaganda na Rússia soviética pós-1918.

(Na estopa banhada em sangue,
No chão da carroça cheia...)
— Tudo igual, Serioja.
— Tudo igual, Volódia.

Mas já que é tudo igual,
Volódia, querido amigo meu,
Vamos outra vez meter a mão,
Volódia, ainda que mãos — já —

Não há.
— Ainda que não haja,
Serioja, querido irmão meu,
Também sobre esse reino
Vamos lançar uma granada!

E contra a Alvorada
Por nós inaugurada —
Vamos atirar, Serioja!
— Vamos, Volódia!

7

Muitos templos foram destruídos,
Mas entre todos é este o de mais valor.
Dai, Senhor, a paz à alma do vosso finado inimigo.

Savoia, agosto de 1930

A ALEKSANDR BLOK

Aleksandr Aleksándrovitch Blok (1880-1921) ganhou fama ainda na juventude como poeta simbolista, o que, de certo modo, acabou definindo sua imagem, embora, já no último período de sua vida, considerasse o simbolismo esgotado como movimento. Cresceu e se formou num ambiente cultivado, rodeado de intelectuais conhecidos de seu pai, professor de Direito em Varsóvia, e de seu avô materno, reitor da Universidade de São Petersburgo. Foi aí que entrou em contato com a filosofia mística de Vladímir Soloviov e descobriu a poesia de Fiódor Tiutchev e Afanássi Fet, nomes obscuros de um período da literatura russa em que a prosa dominou a cena, mas que seriam influências fundamentais para os simbolistas.

O ano de 1905, em que se dá a primeira Revolução Russa, representou um marco em sua obra, profundamente impactada tanto pelos ideais políticos que emergiam como pela repressão bárbara do Domingo Sangrento, quando a marcha pacífica, ao chegar no Palácio de Inverno com sua petição, foi recebida a balas pela Guarda Imperial. A partir daí, os temas de justiça social passam a figurar como uma de suas preocupações centrais. Como bem notou Leon Trótski, em seu *Literatura e revolução*: "o mais puro dos poetas líricos não falava de arte pura nem colocava a poesia acima da vida. Reconhecia, ao contrário, que a arte, a vida, a política eram indivisíveis e inseparáveis".[1] Sua obra máxima, o poema longo "Os doze", de 1918, foi centro de aferradas polêmicas: para uns, não representava a essência da Revolução; para outros, era uma aderência a ela; para ambos, Blok se tornou um renegado.

As difíceis condições materiais do período, em especial, a carência alimentar, desencadeiam-lhe uma enfermidade e, preso ao leito, o poeta acaba por falecer, em 10 de agosto de 1920 – no mesmo dia em que recebera permissão para sair do país em busca de tratamento. Aleksandr Blok foi o primeiro amor de toda uma geração que esbanjou seus poetas, para usar a fórmula de Roman Jakobson.[2] Aos poetas de pura lírica, como Pasternak, ao poeta marxista Maiakóvski, assim como para Tsvetáieva, foi dada por Blok a lição fundamental de que os poemas são ditados por uma força primordial, inexplicável, e que poetas são todos e todas iguais, sonhadores e sonhadoras que se distinguem apenas nos sonhos que ousam sonhar.

---

[1] L.Trótski, *Literatura e revolução*, 2007, p. 96.
[2] R. Jakobson, *A geração que esbanjou seus poetas*, 2006.

Do ciclo *Poemas a Blok*

"À fera — o covil..."

À fera — o covil.
Ao andarilho — a rua.
Ao morto — a tumba.
A cada — o seu.

À mulher — simular,
Ao tsar — reinar,
A mim — celebrar
O nome teu.

2 de março de 1916

"Tenho em Moscou — a cúpula, que queimam!"

Tenho em Moscou — a cúpula, que queimam!
Tenho em Moscou — o sino, que tocam!
E os jazigos que comigo se alinham —
Neles, as tsarinas jazem, e os tsares.

E não sabes que no Krêmlin ao raiar do dia
Melhor que em toda Terra se respira!
E não sabes que no Krêmlin ao raiar do dia
Rezo por ti — até que a aurora nasce.

E vagas sobre o Neva, teu rio, ou
Nessa hora, como sobre o Moscou,
Eu, de pé, cabisbaixa, estou,
E os lampiões se mesclam nos ares.

Em toda insônia, te amo,
Em toda insônia, te oiço,
Nessa hora, como ao Krêmlin todo,
Em que os sineiros batem.

Mas meu rio — com o teu rio,
Mas meu braço — com o teu braço,
Alegria minha, não darão abraços
Até que de manhã — a manhã alcance.

7 de maio 1916

"Um ser! — pensaram eles"

Um ser! — pensaram eles
E a morrer foi-lhe imposto.
Morreu agora, e para sempre.
— Chorem pelo anjo morto!

No ocaso do dia ele
Cantou a beleza noturna.
Três chamas céreas,
Hipócritas, tremulam.

Dele raios partiam —
Cordas quentes na neve!
Três velas céreas —
A algum Sol! Ao lucífero!

Oh, mirem como
Os séculos sombrios afundavam!
Oh, mirem como
Suas asas estão quebradas!

De preto prega o orador,
Batizam-se mãos vazias...
— Morto jaz o cantor
E a ressurreição glorifica.

9 de maio de 1916

"Há de ser — atrás do bosque"

Há de ser — atrás do bosque
A aldeia onde morava,
Há de ser — mais fácil e leve
O amor do que esperava.

— Oh, ídolos, passem desta pra melhor!
Ergueu-se e lançou o chicote
E em seguida do flagelo — o grito
E de novo cantam os guizos.

Sobre o trigo fraco e pobre
Atrás de um poste — outro poste.
E sob o céu o fio de arame
Canta e canta à morte.

13 de maio de 1916

"E nuvens de moscas rodeiam o cavalo sereno"

E nuvens de moscas rodeiam o cavalo sereno
E a chita vermelha de Kaluga* infla com o vento
E o céu é grande, e da cordoniz o silvo,
E sobre ondas de centeios, ondas de sinos
E a conversa sobre os alemães até se fartar,
E atrás da mata — amarelo-mostarda** —
a cruz,
E o doce calor, e em tudo tal brilho,
E o teu nome, tão sonoro quanto: anjo.

18 de maio de 1916

---

*   Kaluga é uma cidade russa, localizada às margens do rio Oka.
**   No original: "жёлтый-жёлтый крест", literalmente: "cruz amarela-amarela". A expressão "жёлтый крест" ("cruz amarela") é empregada para nomear o gás mostarda, utilizado pelos alemães na Primeira Guerra Mundial, do inglês "Yellow cross".

"Ei-lo — mira — farto do mundo afora"

Ei-lo — mira — farto do mundo afora,
Líder sem tropa.

Eis — da torrente bebe um punhado —
Príncipe sem condado.

Ali, é tudo a si: o principado e a hoste,
E o pão e a mãe.

Vermelho é teu legado — conquiste-o,
Amigo sem amigos!

15 de agosto de 1921

"Seus amigos — larguem-no!"

Seus amigos — larguem-no!
Seus servos — larguem-no!
Estava tão claro em seu rosto:
Não é deste mundo meu reino.

Nevascas proféticas as veias corriam,
Os ombros caídos, das asas, cediam,
Na fenda do canto, no ímpeto ressequia,
Como a de um cisne, sua alma fugia!

Que caia, que caia o pesado cobre!
As asas provaram o direito: de bater!
Os lábios ao gritar o verbo: responder!
Sabem que isto não é morrer!

Bebe a alva, bebe o mar — da satisfação plena
Inebria. — Um réquiem não ofereça!
Ao para sempre ordenado: seja!
Basta o pão que lhe alimenta!

15 de agosto de 1921

"Mas sobre a planície —"

Mas sobre a planície —
O grito do cisne.
Mãe, acaso não reconheceste o filho?
É ele — de verstas além das nuvens,
É ele — que para o último adeus vem.

Mas sobre as planícies —
A nevasca profética.
Moça, acaso não reconheceste o amigo?
A casula em farrapo, a asa em sangue...
Ei-lo com a última palavra: — Vive!

Sobre o maldito —
Voa iluminado.
O justo a alma arrebatou — hosana!
O condenado um leito aquecido tem
O bastardo, em casa com a mãe. — Amém.

Entre 15 e 25 de agosto de 1921.

"Não a costela fraturada, mas"

Não a costela fraturada, mas
A asa quebrada.

Não foi pelos fuziladores
O peito atravessado. Não se remove

Esta bala. Não se consertam asas.
Mutilado ele caminhava.

***

Tenaz, tenaz é o espinho da coroa!
Pois ao falecido — o tremor da turba

É como a pluma ao feminino adolo,
Passou, surdo e sozinho,

Congelando os ocasos,
Com o vazio de estátua sem olhos.

Apenas algo nele vivia ainda:
A asa quebrada.

Entre 15 e 25 de agosto de 1921.

A ANNA AKHMÁTOVA

"Akhmátova" é o pseudônimo pelo qual ficou famosa Anna Andréievna Gorenko (1889-1966), considerada a poeta máxima do acmeísmo russo, movimento que primava pela poesia compacta e a precisão lexical, surgido como uma dissidência do grupo simbolista. Quando publica seu primeiro livro, em 1912, aos 23 anos, já era uma poeta conhecida e admirada por pares da sua própria geração, bem como pela anterior e a seguinte, a qual encantou e influenciou amplamente.

Embora nunca tenha aderido completamente ao novo regime, jamais deixou a Rússia. Atravessou com coragem o período revolucionário e a Guerra Civil, um tempo de frio, fome e privações; sobre o fuzilamento de seu primeiro companheiro, o poeta Nikolai Gumliov, com quem fora casada de 1911 a 1918 e tivera seu único filho, Lev, soube pelos jornais. A despeito das dificuldades materiais e das polêmicas em torno de seus poemas, tidos como o retrato de um tempo ultrapassado, mantém-se ativa, produzindo e publicando. De 1925 a 1940, seus versos tornaram-se proibidos na União Soviética, e Akhmátova, para tentar preservá-los, ciente dos riscos que corria, solicitava a amigas que decorassem seus poemas. Depois de quinze anos de silêncio, sua voz volta a soar, desta vez no rádio, quando é convocada para falar às tropas do Exército

Vermelho que resistiam ao cerco de Leningrado (atual São Petersburgo), na Segunda Guerra Mundial.

Os anos de 1930 tinham sido de enormes provações para Akhmátova. Em 1934, foi preso o amigo Óssip Mandelstam; menos de um ano depois, em 1935, foi a vez de seu companheiro Nikolai Púnin, logo libertado; quanto a seu filho, Lev Gumliov, foi preso três vezes de 1934 a 1938, sendo liberado para combater na guerra da qual retornaria em 1945. O companheiro e o filho de Akhmátova seriam presos novamente em 1949, o primeiro morre em um campo de trabalhos forçados em 1953, já o segundo é solto em 1956, em decorrência da breve abertura após a morte de Ióssif Stálin e o relatório secreto de Khruschov, quando artistas e intelectuais são parcialmente reabilitados.

Apesar de todos as vicissitudes, continua compondo seus poemas, num gesto de resistência e para existir. Em um de seus livros mais famosos, *Réquiem*, escrito de 1935 a 1961, e publicado pela primeira vez em 1963, Akhmátova consegue condensar de tal modo seu sentimento, que é capaz de cristalizar em sua voz o sofrimento de incontáveis mulheres russas, mães, companheiras, filhas, avós, que enfrentaram provações parecidas com as dela.

A Akhmátova

1

Oh, Musa do pranto, a mais sublime das musas!
Oh tu, fruto destemperado da noite branca!
Tu a negra nevasca para a *Rus* mandas
E os lamentos teus como flechas nos cravam.

E de lado saltamos já num: oh! — contido
Cem vezes — juramentos te prestamos: Anna
Akhmátova! Este nome é um enorme suspiro,
E despenca nas profundezas, que é anônima.

Coroados somos por que pisamos contigo
Um só chão, paira sobre nós o mesmo céu!
E quem foi ferido pelo teu mortal destino
Para o leito da morte imortal já desceu.

Na minha cantante cidade das cúpulas um brilho,
E o cego errante exalta o iluminado Cristo...
E eu te dou minha cidade dos sinos
 — Akhmátova! — e meu coração além disso...

19 de junho de 1916

2

Mão na cabeça e levanto
— Que sei das perfídias humanas! —
Mão na cabeça e canto
Na aurora já tardia.

Ah, aquela onda frenética
Lançou-me até a crista!
Canto-te, pois temos — a única,
Como a lua que no céu se firma!

Pois como o coração o corvo bica,
Nas nuvens tu cravejas
O nariz aquilino, de quem é mortal a ira
E mortal — a clemência.

Pois também sobre meu Krêmlin rubro
Tua noite espalhaste,
Pois com o deleite sonoro, como um cinto,
Minha garganta apertaste.

Ah, sou feliz! Jamais a aurora
Acendeu tão límpida.
Ah, sou feliz, pois ao doá-la
Retiro-me — mendiga,

Pois tu, cuja voz — oh abismo, oh névoa! —
Tiraste de mim o fôlego
Eu, pela primeira vez, dei-lhe um nome
A Musa de Tsárskoe Selo.*

22 de junho de 1916

---

* Nome da antiga residência imperial dos Románov, situada em Púchkin, cidade nos arredores de São Petersburgo, tornada museu depois da nacionalização em março de 1918.

3

Um enorme adejo ainda —
E dormem os cílios.
Oh, o corpo caro! Oh, as cinzas
Do mais leve passarinho!

O que fazias na bruma dos dias?
Esperava e entoava o canto...
Tanto suspiro nela havia
Quanto tão pouco — o corpo.

Não é da raça humana
Sua doce sonolência.
Do anjo e da águia
Alguma coisa nela havia.

E dorme, e do coro o encanto
Chama ao Jardim do Éden
Como se não fosse pleno do canto
O demônio que adormece.

***

Horas, anos, séculos — Nem nossos,
Nem de nossas habitações.
E o monumento, enraizado,
Já não traz recordações.

A vassoura não atua já há tempo
E em lisonja definha
Sobre a Musa de Tsárskoe Selo
Cruzes de urtiga.

23 de junho de 1916

4

Nome da criança — Lev,
Da mãe — Anna.
Ira — no nome dele,
No da mãe — silêncio.
Seu cabelo vermelho
— Cabeça de tulipa! —
Salve, hosana
O pequeno tsar.

Dai-lhe, Senhor — o suspiro
Da mãe e o sorriso,
O olhar — do pescador
De pérolas.
Senhor, com bondade
Por ele olhardes
O filho do tsar é mais duvidoso
Que os filhos dos outros.

Ruivo leãozinho
Dos olhos verdinhos,
Uma herança terrível te aguarda!

O oceano do Sul e do Norte
E o rosário de pérolas
Negras — na tua palma.

24 de junho de 1916

5

Quantos companheiros e amigos!
A ninguém tu retumbas.
Este ser jovem só é dirigido —
Pelo orgulho e a amargura.

Lembras no porto o dia bravio
Dos ventos do Sul a ameaça,
O rugir do Cáspio — e no lábio
Uma pétala de rosa.

Como a cigana te ofertou
A pedra no aro encravada,
Como a cigana te enganou
Do que viria a ser a glória...

E — junto às velas no mastro —
O adolescente d'anil camisa.
O fragor do mar e o atroz chamado
Da Musa ferida.

25 de junho de 1916

6

Não retardes! Sou — a presa,
Tu — a escolta. Um só destino.
E no vazio da vacuidade
Nos foi dado um só caminho.

Já tenho meu juízo de volta!
Já tenho minha vista no prumo!
Podes me deixar, escolta,
Até o pinheiro dar um pulo!

26 de junho de 1916

7

Dos catafalcos e dos berços
Tu que o manto arrancas,
Desencadeadora dos ventos
Emissora das nevascas,

Das febres, dos versos e das guerras
— Feiticeira! — Rainha! —
Ouvi o uivo que aterra
Dos leões, conduzindo a biga.

Ouço vozes apaixonadas —
E uma que teimosa cala.
Vejo velas de barco vermelhas —
E uma — entre elas — preta.

Se como o oceano reges a rota,
Ou como o ar — o peito integral
Espero, como o sol, a troca
Do peito pela justiça mortal.

26 de junho de 1916

8

No mercado o povo gritava,
O vapor da padaria fluía.
Lembrei-me da boca encarnada
Da cantora de rua da face esguia.

Num véu escuro florido
— Digna de misericórdia
Tu, cabisbaixa, com os peregrinos
Ao pé do mosteiro de São Sérgio,

Rogai por mim, minha bela
Demoníaca e triste,
Como aos altares te eleva
Nossa Senhora das flagelantes.

27 de junho de 1916

9

À Anna Crisóstoma — de toda a *Rus*
Ao verbo expiatório —
O vento, a minha voz conduz
E ei-lo o meu pesado suspiro.

Conta, firmamento em chamas,
Sobre os olhos, que são negros da dor,
E da reverência silenciosa à terra
No meio dum campo d'ouro.

Tu nos revoltosos altos
De novo abençoado!
Tu! — Inominado!
O meu amor conduz
À Anna Crisóstoma — de toda a *Rus*!

27 de junho de 1916

10

Através do fino fio sobre aveias em onda
Hoje, uma voz — como milhares soa!

E os sinos pelo caminho — santo, santo, santo —
Não seria a mesma voz, Senhor, falando.

Levanto e ouço e tiro da espiga a folha,
E a voz me cobre como duma cúpula a sombra.

***

Não nestes galhos do salgueiro que flutua,
Eu toco com devoção — a mão tua.

Àqueles que à tua porta louvam em langor tal —
És mulher telúrica, já a mim — a cruz celestial!

A ti através das noites reverências rendo,
E com teus olhos todos os ícones estão vendo!

1º de julho de 1916

11

Tu, sol nas alturas, me encobertas,
Todas as estrelas na palma trazendo!
Ah, se as portas estivessem abertas!
Em ti eu entraria como o vento!

E depois de murmurar, e estourar,
E desviar o olhar inopinada,
E, soluçando, embargar,
Como — quando criança — é perdoada.

2 de julho de 1916

12

Mãos me foram dadas para estender a cada ambas,
Sem deter nenhuma delas; os lábios — dar nomes,
Olhos não — ver, sobre eles as sobrancelhas içadas
Ternamente admiram-se do amor e do — terno — desamor.

Mais grave que o do Krêmlin este sino ininterrupto
Corre e corre bem direto para o peito, —
Quem sabe? — não sei — pode ser — deve
                                           ser —
Que não posso mais tardar no solo russo!

2 de julho de 1916

13

E se eu no véu trancasse
Os cachos — que serpejam,
E no frio anil da tarde
Um rumo eu tomasse...

— Para onde te levas a estrada,
Minha bela — talvez a um convento?
— Não, meu caro, quero dar uma olhada
No tsar, na tsarina, na cidade de Pedro.

— Deus te acompanhe! — Contigo Ele vá!
Restamos assim o chão a olhar.
— Saudações minhas ao Nevá,
Se lembrares, à tsarina e ao tsar.

... E eis que entre os alpendres — o alpendre
Que se acende pelo brilho da poeira,
E eis que — dentre as faces — a face
Do nariz aquilino e os cabelos feito asas.

A escada subir não se pode —
Nos degraus deixará pegadas.
E debaixo — olhos nos olhos
— Aceitarias, senhorita, umas bagas?

28 de junho de 1916

A SOFIA PARNOK

Nascida em Tangarog, Ekaterinoslav, Sofia Iákovlevna Parnok mudou-se para São Petersburgo em 1906, onde atuou como tradutora e jornalista, colaborando como crítica literária na revista literária *Siéviernie zapíski* [Notas do Norte] de 1913 a 1917, sob o pseudônimo de Andréi Polianin. Começou a publicar seus poemas em 1906. Sua poesia, marcada por seus sete relacionamentos homossexuais, entre eles um com Marina Tsvetáieva, rendeu-lhe a alcunha de a "Safo Russa". Parnok foi casada com o literato Vladímir Volkenstein, mas a relação durou pouco e, depois do término, relacionou-se exclusivamente com mulheres.

No final do verão de 1917, Parnok parte para a Crimeia, onde passaria também os anos da Guerra Civil, junto com a atriz Liudmila Erarskaia, sua companheira de vida, com quem manteve um relacionamento de dezesseis anos. Retorna a Moscou em 1922, ingressando, com a ajuda de Vladímir Maiakóvski, na União dos Escritores. Seus trabalhos, contendo um acentuado conteúdo religioso, enfrentam problemas com a censura, mas ela consegue, mesmo assim, publicar quatro livros de poemas.

A partir de 1928, com o fechamento do selo *Úzel*, pelo qual publicava desde 1925, Parnok torna-se cada vez mais isolada e deprimida. A escrita de poemas vai rareando e cresce sua dedicação à tradução, em especial dos poemas de Charles Baudelaire e dos romances de Marcel Proust. Com o passar dos anos, a saúde de Sofia Parnok se fragiliza, até culminar em um ataque do coração fatal, na manhã de 26 de agosto de 1933. A poeta estava acompanhada da amiga e protetora de longa data, a matemática Olga Tsuberbiller, e de seu último amor, a física Nina Vedienéieva.

Marina Tsvetáieva e Sofia Parnok se conheceram em 1914, em um dos saraus literários organizados por Adelaide Gertsyk, famosos por reunir poetas e artistas em fins do século XIX e início do XX. O romance durou pouco mais de dois anos e deixou marcas profundas no trabalho de ambas, que se influenciaram e se apoiaram mutuamente. Apesar do relacionamento livre que mantinham, o ciúme que atravessou a relação constitui um dos *leitmotiv* dos poemas que trocaram, uma forma encontrada pelas poetas de sublimar o sentimento. Tsvetáieva já estava casada com Efron e já era mãe de sua primeira filha, Ariadna, o que não chegou a ser propriamente um impedimento para o romance entre elas, enquanto Parnok mantinha também seus relacionamentos.

Em 1915, quando conclui seu "A amiga", Tsvetáieva entrega seus manuscritos a Parnok, que planeja publicá-los junto com seus próprios poemas dedicados à amante. Em 1916, a história de amor chega ao fim, de maneira dramática: Tsvetáieva toma conhecimento do envolvimento de Parnok com Erarskaia. Enciumada, decide acabar com tudo e, ao fazê-lo, exige a devolução dos manuscritos de "A amiga", o que deixa Parnok indignada, não apenas pelo pedido para devolver um presente, mas porque via na atitude de Tsvetáieva uma tentativa de renegar o amor que havia originado aqueles versos.

A amiga

1

Sois feliz? — Não dizeis! Não creio!
E é melhor — que assim seja!
Foram muitos, me consta, vossos beijos,
Donde vem a tristeza.

Todas as heroínas de Shakespeare
Eu as vejo na senhora.
Vós, jovem trágica *lady*,
Por ninguém serias salva!

Estais tão exausta de repetir o discurso
Do amor!
Eloquente, bracelete de ferro no pulso —
Sem cor!

Eu vos amo — Como nuvem de tormenta
Sobre vós — pecados —
Pois que sois mordaz e ardente
E melhor que todos,

Pois que nós, nossas vidas são diversas
Na sombra dos caminhos,
Por vossas seduções poéticas
E o sombrio destino,

Pois que, meu demônio de saliente fronte,
Perdão vos rogo,
Pois que — rasgue-se sobre o ataúde! —
Salvar-vos já não posso!

Pois este arrepio, pois será — que — isto
É no sonho que se me revele?
Pois esta irônica ilusão do espírito*
É que a senhora não é — ele.

16 de outubro de 1914

---

* No original, *прелесть* (prelest): termo da teologia da Igreja Ortodoxa usado para descrever uma ilusão do espírito ocasionada pelo orgulho.

2

Sob a carícia da manta de pelúcia
O sonho de ontem incito.
O que houve? — De quem é a vitória?
Quem foi o vencido?

Repenso tudo e penso de novo,
Em tudo outra vez a mesma dor.
Para isso a palavra não encontro
Ou seria o amor?

Quem foi o caçador? — E quem — a presa?
De modo diabolicamente invertido!
O que notou o gato da Sibéria,
Em seu ronronar comprido?

Quem se bate no duelo da insubordinação,
Que mão não trazia mais que uma bola?
É o vosso ou é o meu coração
Que em voo galopa?

E todavia — o que houve aqui?
O que tanto quer e martiriza?
Ainda assim não sei: eu venci?
Ou fui eu a vencida?

23 de outubro de 1914

3

Hoje a neve derretia, hoje
Junto à janela deixei-me.
Olhar sóbrio, peito mais livre,
De novo, apaziguei-me.

Não sei por quê. Pode ser
Que a alma cansou de repente,
E já não queria mover
O lápis insurgente.

Assim deixe-me — na bruma —
Para o bem e o mal distante,
O dedo que de mansinho rufa
Sobre o vidro quase cantante.

Nem pior nem melhor é a alma
Do que o primeiro encontro — ei-lo —
Do que as poças peroladas,
Onde espalhou-se o firmamento.

Do que o pássaro que voa
E o cachorro que ladra,
E até a pobre cantora
Não me brota uma lágrima.

A arte cara do esquecimento
A alma já absorveu.
Qualquer grande sentimento
O hoje n'alma derreteu.

24 de outubro de 1914

4

Vosso vestir-se era preguiçoso
E preguiçosa do sofá ao levantar
— Mas cada vosso dia vindouro
Viria minha alegria alegrar.

Sobretudo vos fazia vergonha
Tão tarde da noite e no frio chegar.
— Mas cada vossa hora vindoura
Viria minha alegria remoçar.

Isto fizestes sem maldade,
Inocente e sem volta.
— Fui vossa mocidade,
Que passa e não se nota.

25 de outubro de 1914

5

Hoje, às oito horas, desce
Pela Grande Lubianka a toda,
Como bala, bola de neve,
O trenó que por aí voa.

O riso já dissipava...
E eu ali, olhar vidrado:
Cabeleira e peliça ruiva,
E alguém alto — ao lado!

Convosco já outra havia,
Consigo no trenó percorreu,
Mais benquista e mais querida —
Bem mais quista — do que eu.

— *Oh, je n'en puis plus, j'étouffe!**
A plenos pulmões dissestes,
Cobrindo-a de vez em quando
Com o cobertor de peles.

O mundo é alegre, e cruel — a noite!
Do regalo a compra fugia...
E no turbilhão da neve voaste,
Vista a vista e peliça a peliça.

E veio a revolta cruel,
E a neve branca acumulava.
Não mais que dois segundos eu —
Com a vista lhe acompanhava.

---

* Em francês, no original. "Oh, já não posso mais, estou sufocando!"

Da minha peliça — sem ira
Eu acariciava os pelos e a pele.
Congelou-se vossa Kai pequenina,
Oh, Rainha da Neve.

26 de outubro de 1914

6

Sobre a borra do café, à noite,
Olhando o Leste, chora.
A boca casta e desfeita,
Como uma flor monstruosa.

Logo a lua — jovem e tênue —
Substituirá a aurora escarlate.
Quantos anéis e pentes
Eu te darei de presente!

A lua jovem entre os galhos
Não protegerá ninguém.
Quantas pulseiras, argolas
E brincos te darei também!

Como sob a pesada crina
Cintilam pupilas brilhantes!
Têm ciúmes suas companhias? —
São ligeiros os puros-sangues!

6 de outubro de 1914

7

Como a neve cintilava divertida
Na peliça cinza — vossa, a minha — zibelina,
Como nós na feira natalina
Caçamos as mais brilhantes fitas.

Como até me fartar — seis! — comi os
Wafles sem açúcar e cor-de-rosa.
Como com todos os cavalinhos ruivos
É a vossa honra que me toca.

Como as ruivas de blusão — tal vela,
Nos empurravam trapos em súplicas,
Como fascinavam a tola camponesa
As estranhas moças moscovitas.

Como na hora que o povo ia embora
Relutamos a na Catedral entrar,
Como para a antiga Nossa Senhora
Levantastes vosso olhar.

Como o rosto de olhos sombrios
Era benevolente e quebrantado
No oratório rodeado de cupidos
Do período elisabetano.

Como minha mão tomastes,
Dizendo: "Oh, quero aquela!"
Com que desvelo colocastes
No castiçal — a vela amarela...

— Oh, mundana, que na mão trazia
O anel de opala! — Oh, meu azar! —

Como o ícone eu vos prometia
Hoje à noite hei de roubar!

Como na monástica pousada
— O barulho do sino e o ocaso —
Bem-aventuradas, tal batizadas,
Irrompemos, qual tropa de soldados.

Como vos prometi — ficar mais bonita
Até a velhice — e o sal derramei,
Como três vezes — Causei-vos ira! —
O Rei de Copas eu tirei.

Como a minha cabeça atastes,
Acariciando cada cacho,
Como do vosso broche de esmalte
A flor gelou-me o lábio.

Como vossos dedos finos
Vagavam pelo meu sonolento queixo,
Como me apelidastes de menino,
Como me amastes pelo meu jeito...

Dezembro de 1914

8

O pescoço erguido em liberdade
Como um jovem galho se eleva.
Quem dirá seu nome, sua idade,
Quem — sua terra, sua era?

A sinuosidade dos lábios lívidos
É frágil e leviana
Mas há o relevo vívido
Da fronte beethoveniana.

A pureza até que comove
Desvanece ovalada.
A mão empunharia um chicote
E — no anel de prata — a opala.

A mão de aliança digna,
Em seda perdida,
A mão tão única,
A mão tão linda.

10 de janeiro de 1915

9

Tu vais seguindo teu rumo,
E tua mão já não seguro.
Mas a saudade é eterna além da conta,
Para que me sejas — qualquer pessoa.

O coração logo exclamou: "Amada!"
De tudo — à toa — estás perdoada,
Sem saber de nada — até o nome! —
Oh, ama-me, oh, ama-me!

Vejo pelos lábios — sinuosos,
Pela altivez de seus contornos,
Pela sobrancelha de grave ressalto:
Este coração de assalto — tomado!

O vestido de seda preta — uma concha,
A voz um quê de cigana rouca,
Em ti gosto de tudo até doer —
Ainda que beldade não possas ser!

Bela, o verão não te fará perder o viço!
Não és flor — és uma hastezinha de aço,
Dos males o pior, das afiadas a incisiva,
Foste raptada — de qual ilha?

Com um leque ou a bengala graceja —
Em cada ossículo em cada veia,
Na forma de cada dedo maligno, —
Ternura de mulher, atrevimento de menino.

Aparando os risos com versos,
A ti e ao mundo eu revelo
Tudo o que em ti nos devotem,
Ignota com fronte de Beethoven.

14 de janeiro de 1915

10

Poderia eu não me lembrar
Do perfume White-Rose e do chá,
Das estatuetas de Sèvres
Sobre a lareira em chamas....

Éramos: eu — pomposo trajar
Em vestido brocado de tafetá,
A senhora — em negra veste
De malha e gola de asas.

Lembro com que rosto
Entrastes — sem o menor rubor
Como de pé mordia o mindinho,
A cabeça levemente inclinada.

E o semblante ambicioso,
Sob o peso dum elmo rubro
Nem mulher e nem menino, —
Mas algo que eu mais forte.

De um movimento precipitado,
Havia uma roda, levantei-me.
E alguém em tom de graça:
"Deixem que eu lhes apresento."

E a mão num movimento largo
Sobre minha mão pousastes,
E suave na minha palma
Tardou-se uma lasca de gelo.

Com o olhar algo inclinado,
E o choque eu já prevejo, —

Na poltrona reclinei-me,
Num dedo o anel eu torço.

Sacastes um cigarro,
E o fósforo vos ofereço,
Sem saber o que fazer, se
Olhardes no meu rosto.

Lembro como os nossos copos
Tilintaram sobre a jarra azul
"Oh, sede o meu Orestes!"
E uma flor vos ofereço.

No relâmpago cinza dos olhos
Da bolsa preta de camurça
Um gesto largo fizestes
E deixastes cair — o lenço.

28 de janeiro de 1915

11

Todos os olhos sob o sol — ardem,
Um dia não é igual a outro dia.
Digo-te que, por ventura,
Eu te trairia:

Que lábios na hora do amor
Eu não beijaria,
À meia-noite preta de terror,
A quem não juraria —

Viver, como a mãe do filho cuida,
Como a florzinha que verdeja,
Sem voltar os olhos nunca
A quem seja...

Vês aquela cruzinha ciprestal?
— És conhecida dela —
Tudo ela desperta — basta um sinal
Ao pé da minha janela.

22 de fevereiro de 1915

12

As colinas azuis do entorno de Moscou
No ar um tanto pesado — alcatrão e pó.
Durmo o dia todo, o dia todo rio — pode ser
Que do inverno me curando estou.

Vou pra casa e talvez fique em silêncio:
Os versos não escritos — não lamento!
As amêndoas torradas e as rodas batendo
São-me mais caras que quaisquer quartetos.

A cabeça está vazia dos enlevos,
Já que o coração está cheio até a borda!
Meus dias são como pequeninas ondas
Que a partir de uma ponte — vejo.

Alguém de olhos bem ternos
No terno ar a custo aquecendo...
Do verão estou já adoecendo
Mal tendo me curado do inverno.

13 de março de 1915

13

À véspera da separação,
Nosso amor já findo,
Amei estas tuas mãos
Poderosas — repito —

E os olhos — que não lançam
Olhares a qualquer intuito! —
Resposta demandam
Por um olhar fortuito.

Tu, inteira, com tua torturante
Paixão — Deus vê tudo! —
Reparação demandaste
Por um suspiro fortuito.

E cansada ainda digo
— Ouve com calma! —
Que tua alma me arrebatou
Na transversal da alma.

E ainda te digo eu:
— Tanto faz a véspera! —
Esta boca, antes do teu
Beijo, jovem era.

O olhar — antes do olhar — era claro e audaz
O coração — só cinco anos batido...
Feliz de quem não venha a cruzar
Contigo em seu caminho.

28 de abril de 1915

14

Há nomes, como flores sufocantes,
E há olhares, como dançantes labaredas...
Há bocas sombrias e ondulantes
Com profundas e úmidas arestas.

Há mulheres — seus cabelos, capacete,
De seu leque um aroma fatal e fino emana.
Trinta anos tem. — Para o que queres
Minha alma de criança espartana?

Ascensão, 1915

15

Quero um espelho onde há limo
E no sonho o nevoeiro,
Vou descobrir teu caminho
E qual o teu paradeiro.

Vejo: um navio e o mastro
E eis que no convés surgistes...
Na fumaça do trem... do campo
Nos lamentos das noites...

O orvalho da noite nos campos,
Sobre eles — os corvos...
— Correi os quatro cantos
E eu vos abençoo!

3 de maio de 1915

16

Primeiro, tu amaste
A primazia da beleza,
A cor de *henna* dos cachos,
Da zurna o triste chamado,
Do sílex — sob o cavalo — estalo,
O salto esbelto do cavalo,
E — de grãos reluzentes —
Bordados dois ziguezagues.

Já em segundo — outro ainda —
Em arco a sobrancelha fina,
Tapetes de Bucara
De seda rosa
Anéis em todos os dedos,
Na bochecha um nevo,
O eterno bronzeado através do
Loiro, e a Londres da meia-noite.

A terceira para ti foste
Outra coisa ainda doce...

— E de mim o que fica
No teu coração, andarilha?

14 de julho de 1915

17

Não se esqueçam: um fio de cabelo meu
Vale mais que qualquer cabeça.
Vão-se embora... — Você também,
Você idem, e você.

Deixem-me, todos, deixem de me amar!
Não me impeçam o relento!
Para que eu possa em paz
Estar ao vento.

6 de maio de 1915

Prosa

"Muito do que há na prosa me parece superficialidade descomedida, tudo o que há nos versos (o presente) é imprescindível. Dada a minha atração pelo ascetismo das palavras prosaicas, posso, no final das contas, converter-me em um esqueleto.

Nos versos, há todo o peso inato da carne: não há possibilidade de menos."[1]

---

[1] M. Tsvetáieva, op. cit. vol. 4, p. 527.

A RAINER MARIA RILKE

Datado de 27 de fevereiro de 1927, "A tua morte" foi escrito ao longo dos dois meses seguintes à morte do grande poeta Rainer Maria Rilke (1875-1926). Endereçado ao poeta e composto, ainda, de dois breves contos, o primeiro sobre uma professora francesa e o segundo sobre um menino russo, esse peculiar ensaio elegíaco-epistolar possui um acentuado caráter antitético, em que, a partir de algumas oposições, sobressai a principal: a primeira faleceu imediatamente antes de Rilke, e o segundo, logo depois, constituindo, assim, uma trindade.

Conforme explica a própria Tsvetáieva em carta a amiga Anna Teskova, do "Terceiro dia de Páscoa de 1927", "A tua morte" é uma homenagem da Rússia a Rilke, uma vez que o poeta conhecera e amava o país natal de Tsvetáieva. Na mesma carta, ela afirma que, sobre a morte de Rilke, ninguém na Rússia havia se pronunciado. O ensaio, todavia, representa muito mais que uma resposta russa à morte de Rilke, uma vez que traz uma profunda reflexão sobre a essência da morte. Tal reflexão é permeada por cenas de sua vida cotidiana de russa emigrada vivendo num subúrbio de Paris. Uma vida de privações que a poeta retrata a partir de uma abordagem bem-humorada, sem traços de autopiedade.

Umas das principais influências de Marina Tsvetáieva, Rilke é também, segundo a autora, "um antídoto" ao mundo a eles contemporâneo, seu autêntico e único líder.

A tua morte

Cada morte, mesmo aquela que extrapola a própria ordem do extraordinário – e é da tua morte que falo, Rainer –, encontra-se invariavelmente na ordem de outras mortes, entre a última antes e a próxima a seguir.

Ninguém nunca se curvou sobre um caixão sem se fazer a pergunta: "Quem foi o último sobre o qual me curvei, quem será o próximo sobre o qual me curvarei?" É desse modo que se cria entre os *teus* mortos, os mortos particulares, um certo vínculo que existe apenas em uma determinada consciência e é distinto em cada consciência determinada. Assim, na minha consciência, tu te apresentaste ao Desconhecido entre A e B, na consciência de outro que te perdeu, entre C e D etc. A soma das nossas consciências é a criadora do teu círculo.

Agora, sobre a natureza desse vínculo. No pior dos casos, e o mais frequente, é um vínculo externo, local, ordinal, ou, para dizer tudo – da vida, ou, para dizer *mais que tudo* – do cemitério, devido ao acaso da vizinhança dos números e dos túmulos. Um vínculo sem sentido e, portanto, um não vínculo.

Exemplo. Em vida, entre X e Y não havia nenhum vínculo. Também não há na morte, se não se considera a morte como tal, como outrora – em vida. Para o parentesco, tanto uma quanto a outra é pouco. Um determinado caixão é eliminado da nossa ordem tumular, e a ordem fica restrita a dois túmulos que são significativos para nós. É desse modo que se cria a ordem que vai das nossas mortes à nossa morte. E, ao tratar do vínculo, abordarei apenas essas mortes que compõem a nossa própria morte.

Cada morte nos devolve a todas as mortes. Cada morto nos devolve todos os que morreram antes dele, e a ele somos devolvidos. Se os últimos não morressem, cedo ou tarde, esqueceríamos os primeiros. Assim, de caixão em caixão – uma fiança circular da nossa fidelidade aos mortos. Uma espécie de coexistência póstuma na memória: na ordem de *nossos* túmulos. Pois todos os nossos mortos, se jazem em Moscou, no cemitério Novodiévitchie, ou na Tunísia, ou onde quer que seja, para nós, para cada um de nós, jazem em um único cemitério – em nosso íntimo, e com o tempo em uma vala comum. A nossa. Muitos em uma só e um só em muitas são enterrados. Ali onde se encontram teu primeiro e teu último túmulo – na tua própria lápide – a série se encerra em um círculo. Não só a terra (a vida) é circular, mas também a morte.

Através das nossas bocas, que beijam, cria-se um parentesco, uma mão se estende à outra mão, que é beijada. Através de suas mãos, beijadas, cria-se um parentesco, um lábio atrai outro lábio, que beija. É a fiança circular da imortalidade.

Assim, Rainer, tu me tornaste parente de todos os que te perderam, tanto quanto eu, em resposta, tornei-te parente de todos aqueles que em algum momento perdi, e mais próximo – de dois.

É como se através de ondas pelas colinas dos túmulos a morte nos conduzisse – à Vida.

***

Tua morte, Rainer, na minha vida, tripartiu-se, repartiu-se em três. Uma preparou a tua em mim, a outra a encerrou.

Uma pré-sonante, outra pós-sonante. Recuando um pouco no tempo – trissonante. A tua morte, Rainer – já é a partir do futuro que falo – foi-me ofertada como uma trindade.

Mademoiselle Jeanne Robert

– Então, Ália,[1] como foi na casa da francesa?
– Mamãe! Foi maravilhoso! E o mais maravilhoso foi termos ido, porque, se não tivéssemos ido, seriam apenas duas crianças, duas meninas: uma crescida e a outra em fase de alfabetização. E ela teria se preparado e preparado a comida à toa. E a senhora sabia que ela tem um apartamento maravilhoso? Fiquei impressionada: uma escada de mármore, com tapetes, corrimão polido, algumas campainhas de cobre... É até gostoso caminhar por uma escada como aquela, mas, claro, não para ela, porque é no sétimo andar, e ela já deve ter seus setenta anos.

Dentro é maravilhoso: quadros, espelhos e, nas lareiras, em todo lugar – lembranças: de vime, de crochê, de todo tipo e todas com inscrições. Dos alunos e das alunas. E os livros, mamãe! Paredes inteiras! Em sua maioria, sobre Rolando, *Quatre fils d'Aymor* – coisas do tipo. E o mais maravilhoso: dois pianos de cauda em um cômodo. E só porque ela é tão pobre, que é tão maravilhoso. Porque se fosse na casa de um rico, seria óbvio. Aí tem muito de tudo: guardanapos, facas... E aí é só comprar dois pianos de cauda de uma vez, e, se quiser, pode até comprar mais

---

[1] Diminutivo carinhoso de Ariadna; refere-se aqui a Ariadna Efron (1912-1975), filha de Marina Tsvetáieva e Serguei Efron (1893-1941).

dois. Mas na casa de *mademoiselle* é totalmente incompreensível. E totalmente claro: por causa do amor. (Mamãe, eu tive agora uma ideia estranha: e se de repente, à noite, ela cresce e fica enorme, e sozinha, sem nenhum esforço, toca os dois pianos? Sozinha – em dois pianos – a quatro mãos?). E um frio terrível. Duas lareiras acesas, mas é igual na rua.

– Conte uma coisa de cada vez. Desde o começo, logo que chegaram.

– Logo que chegamos, Liólik e eu fomos logo colocados para ler um livro enorme, velho, sobre Paris. Depois começaram as campainhas e foram chegando todos os tipos de ex-alunas em casacos de pele, de dezessete a quarenta anos. E algumas mães. A *mademoiselle* parecia preocupada, e corria o tempo inteiro com xícaras para a cozinha, e eu a ajudei um pouquinho. Sim! Mamãe, que maravilhoso, que eu, apesar de tudo, não troquei aquela caixa – lembra? A senhora disse: o que importa são os bombons, não a caixa. Não, mamãe, a caixa também é importante no Natal. Os bombons na caixa são um presente, só os bombons são só bombons. E sempre se pode guardar a caixa: para cartas, fitas, qualquer coisa. Ela ficou tão feliz, que já queria servir, mas eu pedi para deixar para a viagem, porque ela amanhã vai visitar as irmãs dela na aldeia. E Liólik levou laranjas e maçãs para ela, e ainda tentou comprar *sucettes*[2] na loja, sem sucesso. Ele disse que com dez francos daria pra comprar bastante. Mas a mãe dele não deixou. As laranjas ela serviu, mas as maçãs guardou, talvez para as irmãs também. E então ela vai viajar com presentes.

Mamãe, ela deve ser muito pobre, mais pobre do que pensávamos, ela deve gastar tudo no apartamento e com

---

[2] Em francês transliterado ao cirílico no original. Refere-se a um tipo de pirulito francês da marca Pierrot Gourmand.

as irmãs, porque além de *petit-beurre*[3] não serviram mais nada. E podia escolher ou chocolate ou chá. Tinha uma jovem prima a ajudando, também usando peliça. E ela mesma estava em seu eterno vestido preto, com a mesma gargantilha de veludo no pescoço, e na gargantilha o ícone da Joanna D'Arc, de prata, sabe? Ela, assim como a senhora, deve achar que é inadequado para uma anfitriã estar arrumada, já que a casa é dela, ou talvez não tenha nenhuma outra roupa, pelo menos, eu nunca a vi usando nada além daquele vestido preto...

– Bom, e depois, como foi?

– Depois, se juntou a nós uma criatura gorda, que eu, a princípio, achava que era uma menina, mas a menina trazia pó de arroz no rosto e tinha os lábios pintados, e eu já não sabia mais o que pensar. Em todo caso, decidimos distraí-la (a criatura) com um jogo de opiniões, e tanto distraímos, que depois de cinco minutos ela tinha sumido, talvez porque a garota pequena – a que está em alfabetização – a chamou uma vez de: *boule de graisse*, e outra vez de: *boule de viande*[4] – e nós também não ficamos atrás. Depois, ficou escuro, e *mademoiselle* nos mostrou a Torre Eiffel, que estava tão longe e tão perto como é daqui. Como é sempre em qualquer lugar.

Mamãe, eu estava com uma fome terrível, mas me segurei e comi apenas um *petit-beurre*. E Liólik comeu um. Já aquela garota pequena, comeu tudo.

Depois, começamos a nos preparar para voltar pra casa, mas *mademoiselle* não queria deixar de jeito nenhum, porque ainda faltava a dança. Liólik e eu pensamos que iríamos só assistir, mas acabou que tivemos que dançar.

– E como é que você dançou?

---

3   Em francês, transliterado ao cirílico no original. Tipo de biscoito amanteigado popular na França.
4   Em francês, no original. Bola de gordura e bola de carne.

– Do mesmo jeito que tinham me mostrado. *Mademoiselle* dança muito bem, com muita leveza, mas, claro, aquelas danças de antigamente. E Liólik quando viu que não era uma dança húngara ficou emburrado e avisou que estava com a cabeça girando. Mas ela dançou com ele mesmo assim. Ela dançou com todos e ficou muito cansada. Sim! O mais importante. Sobre o divã, na sala, ela, jovem. Está deitada na grama lendo um livro, e ao lado dela, as maçãs. De vestido rosa com rendas, muito bonita. E também magra, só que agora é por causa da velhice, mas antes era por causa da juventude. E o nariz cresceu. Foi a irmã dela que pintou, não aquela, a louca, mas a outra, a doidivanas, que não gosta quando levam a poeira para fora do cômodo. Ela varre e guarda. Mas o quadro é maravilhoso.

– Como foi a despedida?

– Ah, foi boa, demorada. Nós nos beijamos, e eu agradeci, e ela também. Ficou muito feliz com seu livro, mas acho que ela não viu a dedicatória, que era para ela, pensou que era só pra ler. Mas, amanhã, quando ela estiver no trem, vai ver e vai ficar mais feliz ainda. Na hora da despedida, convidei-a para o nosso Natal, e ela disse que virá com certeza. O que vamos dar a ela: luvas ou papel?

***

Luvas ou papel? E dinheiro, como se fosse de propósito, não tinha, como nunca tem para o último presente – para sempre!

E, talvez, um caderno de notas? Há uns bem baratos. E talvez – já que não quero nem posso sair agora, em cima da hora para o Natal – nada? Só a convidamos para o Natal. Onde que se dão, em geral, presentes? Só as crianças ganham presentes, afinal... Diante da autopersuasão grosseira e dos argumentos de segunda mão, ficou claro: é preciso um presente. Mas o quê: luvas ou papel?

Ocorre que luvas a mãe do menino já tinha comprado: "quentes, resistentes, porque as dela, coitada, estavam totalmente em frangalhos. Depois que a visitei, nesse frio, só lhe desejo algo quente. Espero que ela não se ofenda". (Dos russos – que ofensa! É o mesmo que ganhar o presente de um mendigo.)

A presença das luvas impusera o papel. "De cinco a seis francos, não mais que sete, oito, no pior dos casos, dez. Algo não muito chamativo, para uma dama de idade"...

("Dama" – pois se trata de Mlle Jeanne Robert, "de idade" – porque logo, logo vai virar pó!)

Très distingué – parfaitement distingué – tou ce qu'il y a de plus distingué – on ne peu plus distingué (6 francs... 9 francs cinquante... 12 francs cinquante... 18 francs.)[5]

As caixas, com o leve trovejar do papelão, vão se empilhando. A primeira – vistosa, a segunda – modesta, a terceira – sem graça, a quarta – cara, a quinta – cara, a sexta – cara. E, como de costume, a exclamação: "*Ah, il y en a encore une que j'oublie*"[6] – a última – a principal. (Como se para averiguar a acuidade do nosso gosto, a tentação fácil – do balconista...)

Azul-clara. De tecido. Com flores do mesmo azul na tampa, tão simples a ponto de não serem ridículas. Sem serrilhados e com uma falsa rugosidade pretensamente inglesa nas bordas... É muito. Razoável.

– *Rien de plus pratique et de plus distingué. Et pas cher du tout, Madame, quarante feuilles et quarante enveloppes. Un bon cas de profiter.*[7]

---

5 Em francês, no original. "Muito distinto — perfeitamente distinto — tudo o que há de mais distinto — não poderia ser mais distinto (6 francos... 9 francos e cinquenta... 12 francos e cinquenta... 18 francos.)".
6 Em francês, no original. "Ah, e tem mais uma que esqueci".
7 Em francês, no original. "Nada mais prático e mais distinto. E não é nada caro, senhora, quarenta folhas e quarenta envelopes. Preço de ocasião para aproveitar."

Em casa, ainda na porta:
– Ália! Temos um presente pra *mademoiselle*.

***

A Mademoiselle Jeanne Robert pour notre Noël russe – Ariane[8] – a caixa, que já não era mais da loja, que já não era mais anônima, estava sob a árvore, perto do pacote cor-de-rosa – *d'Olégue* (do Liólik). Logo, a festa, logo, *mademoiselle*. Ela esteve na Rússia, mas será que, desde então (já tem cinquenta anos), teria ido a um Natal russo? Aliás, ocupados em conseguir uma árvore de Natal – de última hora, na loja de flores perto da estação – não tivemos tempo de confirmar as presenças, e ela não está preparada para uma festa, mas para a aula comum das quintas-feiras, a primeira depois de suas férias (francesas). Vai para uma aula, e cairá numa festa. – E viu, Liólik, não diga nada, simplesmente a deixe entrar. – Ou diga que hoje vamos ter aula no andar de baixo. – Porque o de cima não está aquecido. Em suma, para as crianças, a *mademoiselle* no Natal ofuscava até o pinheiro. (Assim, sem suspeitar onde cairá, também o justo deve ofuscar o céu para os anjos que o aguardam.)

– Ela já deve estar chegando. Faltam dez minutos? Oh, faltam, ainda, dez minutos inteiros.

– Logo ela chega. Que horas são? Ela nunca atrasa.

– Pode ser que ela tenha voltado só hoje e por isso se atrasou? E você (as crianças falaram umas às outras) tem certeza que as aulas começam hoje?

– Ela disse no dia 5.

– Mas dia 5 foi ontem, por que será que ela não veio? Pra mim, ela disse que era na quinta.

---

8 Em francês, no original. "À Mademoiselle Jeanne Robert pelo nosso Natal russo — Ariadna."

– Pra mim, no dia 5. Mas hoje é quinta, isso quer dizer que ela já, já vai chegar. Embaixo da árvore só sobraram os dois presentes dela.

***

Vieram os dias, e *mademoiselle* não veio. Primeiro isso nos preocupava, depois ficamos acostumados à preocupação. A não vinda de *mademoiselle*, e um dia depois do outro ela não vinha, aos poucos foi se tornando a todos os habitantes do pavilhão, os grandes e os pequenos, o refrão do dia, ou seja, algo cujo conteúdo um dia após o outro ia se perdendo. (A vida autêntica, extrassemântica do refrão.) Como no início era surpreendente o fato de *mademoiselle* não vir, agora surpreenderia se *mademoiselle* viesse. A surpresa simplesmente deslocou o ponto de sua partida para o ponto final. A partir dali, seria uma surpresa. (Assim, Rainer, também para nós era uma surpresa que um ser assim podia viver, e agora – morrer.)

As pessoas prestam pouca atenção às formas verbais — *font du sort sans le savoir*[9]. Dos pessoais, da primeira – da segunda – da terceira vez que se enumera, desde o "a *mademoiselle* não veio" até o crônico "a *mademoiselle* não vem" – há muito trabalho e caminho. A *mademoiselle* simplesmente alojou-se na ausência em que ela (para nós), de início, caíra acidentalmente. Não havia almoço nem jantar em que alguém, dos grandes e dos pequenos, entre um prato e outro, em um tom de surpresa já sedimentada, não declarasse: "A *mademoiselle* não vem." – E, ato contínuo, como se só estivessem esperando por isso, nos caminhos já trilhados pelo eco, o coro. Será que está doente? Mas ela teria escrito. Será que a irmã está doente? Mas ela também teria escrito. Será que está tão sozinha, que não

---

9 Em francês, no original. "cometem tais erros sem o saber".

tem ninguém para escrever? Mas então não há com quem se comunicar. Será que...

Mademoiselle, que estava doente em algum lugar, latejava.

Eram todas pessoas lúcidas (a avó, a tia, o tio e a mãe do menino, o pai e a mãe da menina), pessoas que tinham visto de tudo – umas na Rússia soviética, outras no Exército, e tanto umas quanto as outras, na emigração, eram pessoas – e isso é o principal – com aquele orgulho que sangra e pelo qual se reconhecem os exilados, pessoas que, ao substituir a si mesmas pelas crianças, tiveram seu hoje arruinado e rebentado pelo – oh, qual! – amanhã delas, eram pessoas do tempo (da sua eterna falta) e, portanto – *por tudo* –, impiedosas com o tempo das crianças, pessoas que acertaram as contas com o tempo das crianças. E esse tempo – do sangue, da infância – passava, e as crianças – não sem algum embaraço, pois eram crianças boas – flanavam, é claro, por conveniência – sobretudo, a menina que cuidava do irmão mais novo e que tinha nas aulas o seu descanso. As lições eram repetidas e novamente esquecidas, os livros eram retirados e novamente devolvidos. *Mademoiselle* não vinha.

A casa, de certo modo, afrouxou-se, amoleceu-se, ninguém – nas suas dependências – corria para lado algum. – Esquentar o leite, porque agora a *mademoiselle* vai chegar... Arrumar a sala de jantar, porque agora a *mademoiselle* vai chegar... Lavar os cabelos, pois já, já a *mademoiselle* vai chegar... Buscar o carvão no porão, se não a *mademoiselle* vai chegar e...

O pavilhão era frio, salas aquecidas haviam duas, e a *mademoiselle*, com as suas vindas, agitava tudo. Já que a sala de estudos é aqui, então, a de jantar será ali, e a de costura acolá etc. Também se foi o nomadismo.

Aos poucos foi ficando claro que a pequena, inaudível e invisível *mademoiselle* (ela chegava pela porta dos fundos – silenciosa – e, muitas vezes: "onde está a *mademoiselle*?"

– "já se foi") era a força motriz e a espinha dorsal dessa grande e complexa convivência de duas famílias no pavilhão voluntarioso – pois russo.

E o que as pessoas faziam com a aposta das crianças? Seis adultos no total. Ninguém fazia nada. – Precisa escrever à *mademoiselle*. – No início, uma afirmação, depois, cada vez mais, uma interrogação e, manifestamente, impraticável. Inútil. Sem esperança. *Mademoiselle* não foi embora, foi viajar. Não foi viajar, ela desapareceu.

A primeira a dizer, ao que consta, foi a mãe da menina, mas – numa charada. Foi assim. A mãe da menina pegava no guarda-louça a faca (uma das duas), de costas para a tia do menino, que tilintava a tesoura sobre a grande mesa de jantar. Por isso a última pergunta foi de costas.

– E, então, ninguém foi visitar a francesa?

– É que a francesa mora longe!

– Não é longe para ela, mas, *para nós*, é longe? – no tom da tia, sua malícia vinha encoberta pelo triunfo da sagacidade.

– Não é longe para ela, mas, para nós, é longe – confirmou a mãe da menina, gelando por causa da fórmula.

– Ainda assim, deveríamos – importunava a tia aborrecida pela impopularidade do gracejo e, a meu ver, muito pouco perplexa pela grosseria inédita (dado o contexto) da resposta.

– Ainda assim, seria necessário...

– Sim, algum dia... – mas estas palavras ela não ouviu, pois foram pronunciadas boca adentro.

Assim, apesar de tudo, a primeira a falar foi a avó.

– Ou ela está muito doente ou não está mais entre nós – com a tristeza tranquila de uma pessoa mais velha, de antemão e em retrospectiva, *assim* resignada.

– Mas "ela não está mais entre nós", de todo modo, não é "ela"... E a primeira a falar, de todo modo, foi a mãe do menino, na tarde daquele mesmo dia, no almoço para os franceses e jantar para os russos.

– Se até agora ela está calada, é porque ou está muito doente – ou está morta.

E então – a casa despertou.

A ressonância da morte, Rainer, já pensaste nisto? Em uma casa onde depois de uma doença longa e exigente, onde todos estão com as pernas por cair, finalmente, se descansa. Agora, parece, viria o silêncio, e quando, senão agora, viria o silêncio? Qual o quê! É bem aqui que tudo começa!

A casa onde alguém está morrendo é silenciosa. A casa onde alguém já morreu é ruidosa. A primeira, regada pela água da morte em todos os cantos, dorme. A morte está em cada fresta. Em cada cavidade do chão – um furinho. Uma, com a da morte, rega-se, a outra – com a da vida – salpica-se. O frasco com a água da vida[10] estilhaçou-se, e em cada estilhaço – ainda que cortante – há vida. Na casa em que se está morrendo não há choro, e se choram – calam. Na casa onde alguém morreu, soluçam. O primeiro barulho – o das lágrimas.

Lebenstrieb[11] da morte, Rainer, já pensaste nisto? Antes, com as pernas por cair, agora com as mãos plenamente ocupadas, mas, entre as duas, mãos e pernas, as mãos são silenciosas e as pernas ruidosas. E há algo mais silencioso do que duas mãos segurando um copo d'água, por exemplo? Mas o próprio fato de estarem plenamente ocupadas – como, com o quê, de onde? Pois ele, precisamente hoje, às 5 horas da tarde, livrou-se "de toda a tristeza, de todo o rancor e de todas as necessidades"[12] – e, finalmente, teve

---

[10] "Água da morte" e "água da vida" são referências a elementos típicos dos contos maravilhosos, dos mitos e lendas, em que a água da morte é usada para curar feridas mortais, e a da vida, para ressuscitar as personagens que morreram.
[11] Em alemão, no original, a palavra significa instinto de vida.
[12] Referência a uma frase da Grande Ektenia (ladainha), parte das liturgias da Igreja Ortodoxa.

suas preces atendidas! Vão me responder (não serás tu, Rainer, mas os outros): ele não – seu corpo, sim. Já chega! Por acaso, cada um dos que ficam não sabe em segredo que o sacerdote, o fazedor de caixões e o fotógrafo não passam de um motivo para as nossas mãos que coçam em busca de uma ocupação, nosso assertivo e nobre: Eu Sou![13] – nosso absoluto consentimento com viver. Não é ao morto, mas ao fazedor de caixões que nos agarramos! Em nossa ânsia de registrar o morto, há menos o desejo de conservá-lo do que o desejo de substituí-lo – em traços vivos – pela cópia (tortura viva de sua recordação), do que a certeza de que, cedo ou tarde, ele será esquecido. A impressão fotográfica é a nossa assinatura no esquecimento. Conservar? Consumar!

Dissociação. Dessolidarização. Restabelecer algo, ir adiante. Remodelar, com cuidado, a antiga forma. A selvageria desse cuidado. É quase como estar em face de *alles geschehen – nichts geschehen*.[14] São minhas palavras a ti, Rainer, mas de modo distinto. *Nichts kann dem geschehen, der geschah*. Agora em russo: ao que está consumado nada pode acontecer.

Domar o desconhecido. Domesticar a morte, como antes – o amor. Nosso costumeiro destoar. Até a hora da morte, o nosso pé torto no amor.

... Há uma outra explicação, mais simples, para esse ataque póstumo de paganismo. A morte habita a casa daquele que está morrendo, na casa do morto, a morte não existe. A morte deixa a casa antes do corpo, antes do médico e até mesmo antes da alma. A morte é a primeira a sair da casa. Daí, apesar do pesar, o suspiro de alívio: "Até que enfim!" O quê? Não é para a pessoa que amávamos, mas – à *morte*. Daí – celebrar sua partida junto aos mais

---

13   Referência ao versículo da Bíblia João 8:58.
14   Em alemão, no original. "Tudo aconteceu – nada aconteceu".

próximos – o banquete funerário: a comida e a bebida do funeral ("não come-não bebe" – então vamos nós comer e beber!), para nós, tardios, a comida e a bebida querem dizer – recordação, transmissão e repetição – até o entorpecimento – até que o ressoar cesse – até a platitude – dos últimos detalhes. Lá o martírio do morto, aqui – a reverberação do morto. A tonitruância da casa depois da morte. É disto que falo.

E o primeiro silêncio verdadeiro (como em um dia de julho ao meio-dia, o interminável z-z-z da abelha nos ouvidos) espalha-se na casa só depois de levado o corpo. Quando não há mais nada para fazer barulho em torno. Resta, todavia, o cortejo ao cemitério.

Mas enquanto nós caminhamos pelas alamedas, lemos os epitáfios, confiamos o caixão ao coveiro e elegemos o nosso futuro, a morte vale-se do vazio...

É assim que os velhos moradores, tendo ouvido que os novos chegaram na *datcha*,[15] vão espiar e até dão uma volta ao redor.

***

Assim, a casa despertou. E o fato de ter claramente despertado tornou claro que dormia: a avó, a tia, a mãe do menino, o pai e a mãe da menina, a própria menina, o próprio menino, ao longo de três semanas inteiras, como todos os moradores, dormiam sob um feitiço.

Pela maneira como a casa criou vida, tornou-se claro: morrera.

– Mamãe, estou agora escrevendo para a francesa.

---

15 Casa de veraneio típica da Rússia.

A Carta

Chère Mademoiselle,
C'est en vain que nous attendons depuis longtemps. Chaque lundi et mercredi, jeudi et samedi nous vous attendons et vous ne venez jamais. Mes leçons sont écrites et apprises, celles d'Olégue aussi. Avez-vous oublié notre invitation pour l'arbre de Noél? Je crois que oui, parce que vous n'êtes pas venue chez nous l'avant-avant dernier jeudi quand nous avions notre fête. J'ai recu beaucoup de livres: Poèmes de Ronsard, Oeuvre de Marot, Fabliaux, Le Roman du Renard, le Roman de la Rose, et surtout la Chanson de Roland. Deux cadeaux vous attendent, d'Olégue et de moi. Ecrivez-nous, chère Mademoiselle, quand vous pourrez venir chez nous. Nous vous embrassons.
Ariane[1]

---

[1] Em francês, no original.
"Querida *Mademoiselle*,
Em vão, esperamos por um longo tempo. Todas as segundas e quartas, quintas e sábados, estivemos esperando pela senhora, e a senhora nunca veio. Minhas lições foram feitas e aprendidas, as de Oliégue também. A senhora se esqueceu do nosso convite para o Natal? Acredito que sim, porque não veio à nossa casa na penúltima quinta-feira, quando tivemos nossa festa. Ganhei muitos livros: *Poèmes de Ronsard, Oeuvre de Marot, Fabliaux, Roman du Renard, Roman de la Rose* e, especialmente, *Chanson de Roland*. Dois presentes esperam pela senhora, de Oliégue e meu. Escreva para nós, querida *Mademoiselle*, quando puder vir à nossa casa. Nós lhe beijamos.
Ariane."

***

– Ela estava tão cansada naquela noite, tão cansada. O tempo todo eu quis lhe dizer: "Por que a senhora preparou tudo isso? E ainda essas danças... Deixe tudo para lá, sente-se na poltrona junto à lareira, aqueça-se, descanse." Pois de jeito nenhum ela nos deixaria partir sem dançar, o programa tinha que ser completo: livros com imagens, comes e bebes, danças. E ainda essas damas em pelicas, não se sabe o que vêm fazer, esfriam ainda mais todo o apartamento já tão, tão frio. Você não imagina como fazia frio. O nosso é frio, mas lá é demais. Não consegui me esquentar a noite inteira...

Subimos, pela escada de "mármore polido", a mãe do menino e eu. Lentamente a escada nos conduziu de pavimento em pavimento. No mais alto, com uma grande porta preta – paramos. Ficou claro que não havia para onde seguir. Havia duas portas – a da direita e a da esquerda. A francesa morava na da direita. Em silêncio, batemos. Em silêncio, batemos de novo. De novo, em silêncio. De novo, batemos. As batidas diminuíram, o intervalo entre as batidas cresceu. A própria batida se detia na superfície da porta, sem atravessar para o outro lado ou, se atravessasse, era absorvida pelo que havia atrás da porta, atrás de todo o vazio da porta (do além). A porta não respondeu. A porta guardava silêncio.

– Vamos à zeladoria, senão ainda ficamos uma hora aqui, perguntamos e, talvez, saibam de alguma coisa? – não sussurrando (como qualquer coisa estranha – desperta), mas com aquela meia-voz colocada de modo a falar com cuidado sobre os que dormem e sobre os outros.

– Talvez, bater aqui?

A da esquerda respondeu de pronto, abriu-se, revelando primeiro o candeeiro de querosene, depois o rosto de uma mulher de idade.

– Perdão, senhora, mas saberia nos dizer algo sobre Mlle Jeanne Robert? Batemos, mas ninguém respondeu.

Pelo visto, não tem ninguém. Nossos filhos têm aulas com ela.

Entrem, entrem, ficarei contente de conversar com vocês. Vinte e oito anos de vizinhança.

Abaixou o candeeiro, dando uma volta em torno de si, e nos conduziu para dentro. O candeeiro que deve *es an den Tag bringen*.[2] A senhora e nós duas prosseguimos.

– Sentem-se, sentem-se, por favor. Não estou lembrada – seus filhos?...

– Sim, nossos filhos têm aulas com ela. Somos estrangeiras. Nossos filhos têm com ela aulas de francês e de tudo. Moramos em Bellevue.

Ah, pois bem. *Je sais qu'elle prenait toujours le petit tram de Meudon*.[3] Quer dizer que ia à casa de vocês? Bellevue é um lugar maravilhoso, vamos lá todos os domingos.

– Sim. E já faz um mês que não temos nenhuma notícia dela. Ela deveria ter ido ao nosso Natal russo, porque o nosso Natal russo é depois do de vocês. Treze dias de diferença... Preparamos presentes... – exatamente como quem conjura e prega contra o desconhecido por meio da fidedignidade.

– Então ela foi convidada para o Natal de vocês? Que gentil de sua parte.

– Sim, mas não foi, e a estamos esperando já faz uma semana. Minha filha lhe escreveu (perdendo completamente de vista que a carta, escrita hoje de manhã, em nenhum caso, nem mesmo no caso mais vivo, poderia contar com uma resposta – já que esta manhã tem apenas a distância do agora) – minha filha lhe escreveu e não obteve resposta. O que se passa com ela?

– *Mais elle est morte!* – *Et vous ne l'avez pas su??*[4]

---

2   Em alemão, no original. "lançar luz nisto".
3   Em francês, no original. "Eu sei que ela sempre tomava o trem de Meudon".
4   Em francês, no original. "Mas ela morreu! – Vocês não ficaram sabendo??".

***

– No dia 23, *l'avant-veille de Noël*. Ela tinha corrido muito na véspera, para cima e para baixo, *rien que son petit châle sur les épaules*. "*Mais vous allez prendre froid, Jeanne voyons!*" *et je lui tirais les manches sur les mains*.[5] Algo sobre suas compras. No outro dia, deveria partir para a casa das irmãs.

– Mas na véspera, no dia 22, nossos filhos e esta senhora, mãe de um menino, vieram visitá-la. Sim, sim, exatamente no dia 22. Ela convidou todos seus estudantes, dançou...

– Eu não estava sabendo disso. Quando, que horas?

– Por volta das quatro, eram cerca de sete. Não quis nos deixar partir sem dançar por nada. E no outro dia? Não estou entendendo nada.

– Sim, no dia 23 de manhã. De uma hérnia, um tumor maligno. Olha, ela nunca quis usar uma bandagem, pois seria necessário ir ao médico, e ela, se é que me entendem, não queria. Uma hérnia antiga. Então, vocês ao chegar aqui não sabiam de nada? Desculpem-me, por favor, *de vous l'avoir annoncé si brutalement*.[6]

– Então já tem um mês que ela morreu?

– Um mês. Hoje mesmo. Vocês disseram que ela dançou? Talvez seja isso que a tenha machucado. Dançar, com uma hérnia, sem bandagem...

– Mas como ela morreu? Tinha alguém com ela?

– Ninguém, completamente sozinha. Pelas três horas a encontrou a prima, ela às vezes a ajudava *dans son petit ménage*,[7] e Jeanne tinha lhe dado as chaves na véspera,

5 Em francês, no original. "um dia antes do Natal" e "apenas com seu pequeno xale nos ombros. 'Mas assim vai pegar friagem, Jeanne!' e puxei as mangas para cobrir as mãos".
6 Em francês, no original. "por ter anunciado tão bruscamente".
7 Em francês, no original. "em sua pequena casa".

bateu, ninguém respondeu, entrou, viu. Atravessada na cama, perfeitamente vestida, de xale e luvas, pelo visto, preparada para ir dar uma aula, ela tinha ainda uma última aula antes da partida. *Cette pauvre Jeanne!* 64 anos, *ce n'est pourtant pas vieux*. 28 anos de vizinhança. *On était amis, on se disait Jeanne, Suzanne...*[8] E todas essas desgraças!... Vocês devem saber? A irmã dela...

– A que sofre dos nervos?

– Sim, e aconteceu de repente, ninguém estava esperando. E Jeanne era *une fille si intelligente, si courageuse*, ganhava não por duas, mas por três, porque a terceira irmã cuidava da doente, na aldeia, *c'et elle qui la garde*, o que se pode ganhar na aldeia, sobretudo, uma pintora, porque a terceira irmã é pintora, uma boa pintora. *Cela a été le grand coup de sa vie. Elle aurait pu se marier, être heureuse, mais...*[9]

Mas mesmo assim... *on a eu de beaux jours ensemble! On faisait la fête.*[10] Meu marido e meu cunhado são músicos, e Jeanne também é música. Vocês viram dois pianos no apartamento? Um para ela, outro para os alunos. Pois ela era, dizendo propriamente, professora de música. E uma vez organizamos uma noite musical, Jeanne ao piano, meu marido no violino, meu cunhado na flauta. Aliás, vocês não teriam conhecidos interessados em aprender música? Bom, em todo caso, deixo com vocês um cartão.

Fulano de Tal
– violino e flauta –
Professor no *Opéra*

---

8 Em francês, no original, respectivamente, "Pobre Jeanne!", "não era, contudo, velha" e "Éramos amigas, nos tratávamos por Jeanne, Suzanne".
9 Em francês, no original, respectivamente, "Uma mulher tão inteligente, tão corajosa", "ela que a sustenta" e "Este foi o grande golpe de sua vida. Poderia ter se casado, sido feliz, mas..."
10 Em francês, no original. "passamos bons dias juntas! Fizemos uma festa".

***

Mlle Jeanne Robert, que frequentava a menina russa Ália sem perguntar se era em Vilette ou Bellevue, Mlle Jeanne Robert, para quem não havia nem a lama nem a chuva, Mlle Jeanne Robert, que cobrava por uma hora de aula que durava duas, em 1926, como em 1925 – sete francos, calculando não apenas a "queda do franco", mas com esta, do franco, a nossa queda, da *intelligence russe*, Mlle Jeanne Robert, depositando o envelope do pagamento mensal: "Talvez, se estiverem precisando agora..."– e: "*Cela ne presse pas*"[11] ... Mlle Jeanne Robert, que não tomava o trem, mas o vagão, e não até Bellevue, mas até Meudon, para que nós, a *intelligence russe*, pudéssemos economizar 1,60 franco por semana, Mlle Jeanne Robert que, ao ver uma xícara de café com um pedação de pão – horrorizava-se "Oh, mas para quê? Para quê?" e invariavelmente bebia o café, enquanto o pão – respeitando o código de honra dos miseráveis – rejeitava, Mlle Jeanne Robert, que ao cantar à cabeça do filho de um emigrado:

"*V siélé novom Vanka jyl*"[12]

que não se esquecera da Rússia, e que tomava o nome Mur[13] por *Amour*. Jeanne Robert, que à minha noite russa não apenas fez questão de ir, como foi a primeira a chegar.

"*Un moment j'ai cru entendre une marche. Etait-ce peut-être une poésie sur la guerre? On croyait entendre marcher les troupes, sonner les trompettes, galoper les chevaux... – C'est*

---

11 Em francês, no original, respectivamente, "a inteligência russa", em referência à intelliguentsia russa, e "Não tem pressa".
12 Primeiro verso da canção folclórica russa "Vanka-Tanka", em caracteres latinos, transliterado do russo ao francês pela autora. "Vanka morava em uma vila nova".
13 Tsvetáieva fala aqui de seu filho, Gueórgui Efron, apelidado Mur.

que je suis musicienne, moi... C'était beau, beau!"[14]

Mlle Jeane Robert, que uma vez confundiu o dia da aula: na quarta (dia 5) com o dia 6 (quinta), Mlle Jeanne Robert, que não teve tempo de receber as luvas novas – Rainer Maria Rilke, estás satisfeito com Jeanne Robert?

***

E, retornando a ti as palavras que dirigiste a outra:

denn Dir liegt nichts an den Fragenden,
sanften Gesichtes
siehst Du den Tragenden zu[15]

***

P.S.: Por acaso soube que o último livro que lias se chama *L'Ame et la Danse*.[16]

Ou seja, a última Jeanne Robert inteirinha.

---

14 Em francês, no original. "Por um momento, pensei ter ouvido uma marcha. Seria talvez um poema sobre a guerra? Parece que se pode ouvir as tropas marchando, tocando trombetas, os cavalos galopando...— É que eu sou música... Foi lindo, lindo!"
15 Em alemão, no original. "Pouco te importa quem interroga, Com uma face suave olhas aos submetidos".
16 Em francês, no original. A alma e a dança.

Vânia

Morreu o menino russo Vânia. Ouvi falar desse menino pela primeira vez, através de sua irmã, no verão que passamos junto ao mar. Eu estava sentada na areia e brincava com meu filho de um ano e meio. – Eu tenho um irmão – disse de repente minha conhecida – que tem um desenvolvimento próximo ao do seu filho. Papai, mamãe, vovô, obrigado, por favor... – Quantos anos? – Treze anos. – É atrasado? – Sim, e um menino muito bom, muito bondoso. Chama-se Vânia.[1]

– Belo nome, o mais russo e o mais raro, agora quase ninguém se chama assim – disse eu, limitando-me ao vocativo do nome.

A segunda vez que ouvi falar de Vânia foi por meio de uma pessoa próxima a mim, que tinha ido com a irmã de Vânia à noite organizada pela mãe de Vânia.

– Quando fui lá, estava temeroso: como lidar com isso? Brincar? Era de alguma forma estranho, como uma falsa posição. Mas ele me acalmou imediatamente: assim que me viu, sorriu, alegrando-se: "Titio, titio!"

– E a altura?

– É grande, normal. E de modo algum, como eu pensava, um menino que não entendia nada de nada. A babá come-

---

[1] Vânia é o diminutivo carinhoso de Ivan, assim como Vânetchka, citado a seguir.

çou a colocar a mesa para o jantar: "Vânetchka, arruma a mesa" – e ele arrumou, apenas com os pratos se confundiu, pequenos em vez de grandes. E a babá repreendeu: "O que é que há, Vânetchka? Que pratos são esses? Você está doido ou quê?" A babá é extraordinária, doou-lhe toda a sua vida. Assim vivem a mãe, a babá e ele. Por ele vivem.

Eu estava conversando com sua mãe sobre algo, de repente: "Titio! Titio!" – olho em volta: ele tinha chegado devagarinho por trás e nos observava. E um sorriso tão, tão bom. E de uma maneira magnífica compreendo que ele pode ser uma alegria. Dele, de fato, emana uma luz.

O tempo passou. E eis que, certo dia, começou a correr um boato de que Vânia tinha adoecido. Pneumonia.

O boato se estabelece. Soprava de Meudon. O sopro vinha da casa vermelha de tijolo, que vagamente eu reconhecia como a de Vânia. Ia em duas direções – na da irmã, em Clamart, e na minha, em Bellevue. A doença se instalara. Vânia, preso à cama, viajava.

– Como vai o seu irmão?
– Pior, a febre persiste, está o tempo todo à base de cânfora.

A cânfora conheci nos momentos finais de meu pai e para mim ela se chamava – morte.

– Fique um pouco mais...
– Não posso, preciso ir à casa de mamãe, meu irmão está muito mal.

Na mãe e na babá eu não pensava com compaixão, que é substituível, mas com paixão, insubstituível. Mas pensava em fragmentos.

Absorvida pela tua morte, Rainer, ou seja, associando-a a todas que sofri até agora: a morte altiva de mamãe, a altamente tocante de papai, outras, muitas, diferentes – associando ou opondo? – eu, naturalmente, inquietei-me pela cânfora de Vânia.

Dois cômodos com cozinha. Uma caminha. (Apesar de grande, uma vez que diz "titio", tudo era diminutivo!).

O desespero da babá ordenado pelo cuidado doméstico e pela igreja. (E quanto à mãe?!). O horror de estar em Meudon e não em Moscou (Em Moscou seria...). O horror dos pensamentos ilegítimos e involuntários sobre um cemitério estrangeiro... Nós o arrastamos a Meudon... Se não fosse Meudon... Se não o tivéssemos levado à feira naquele dia... E se...

– Como vai o irmão?

– Dócil, bonzinho, está deitado na caminha como se fosse pequenininho, chega a ser tocante...

A última coisa que soube de Vânia em vida é que comia caviar.

– E hoje comi caviar. Meu irmão me deu, não quis terminar, eu terminei. Não queria comer nada, mas do caviar ele gostou... Todos ficamos contentes...

Caviar me lembrava o champanhe de mamãe antes de morrer – não queria nada, mas o champanhe a deixava contente. Caviar também se chamava morte.

– Você vai lá amanhã?

– Não sei, se eu não ficar com mamãe. O irmão está muito mal, pode-se esperar de tudo...

Passados dois dias depois do caviar, uma das moradoras do nosso pavilhão, chegando da rua:

– Apesar de tudo, morreu o menino dos Gutchkov.

***

"Dois cômodos com cozinha". A caminha não se vê, nada se vê, apenas o dorso. O funeral ocorre sem luz. Estou a meio caminho entre a sala e o quarto. O caixão está a mil verstas, inalcançável.

Campainhas, cada vez mais membros para a comitiva.

A entrada do sacerdote cria ao seu redor um vazio. Sacerdotal, sagrado. O círculo do vazio criado pelo extra-humano.

Um círculo que se desloca. Não havia lugar para ninguém, agora há para todos. Extensibilidade do recipiente ou compressibilidade do conteúdo? A recusa do essencial em nome do excedente. Recusa de si e de todos em nome do uno. E há espaço para todos. Basta recusar – que o tudo se torna muito.

– Então lhes aconselho tais cantores... (o sacerdote falando).
– Mas por que não?...
– É melhor os Fulanos de Tal...
– Por quê, cantam melhor?

Temo a persistência na voz que retorna, pois não quero ouvir a resposta.

– ... Mas eu, pelo contrário, ouvi dizer que estes são melhores...
– Cantam bem, mas... (Pois é! Pois cá estamos!)... são muito inacessíveis, já estes...

Na penumbra, beijo a mãe e a babá que passam.

– Mas e vocês, de pé? Não estão cansadas? Sentem-se...

Sem lágrimas, com bondade.

(Oh, a maravilhosa gravidade russa na tristeza!)

Por que não me aproximei? Falsa vergonha, falso medo das lágrimas sobre este que vejo pela primeira vez. O medo da vergonha e a vergonha desse medo. Queria que todos saíssem para que, sobre ele, eu pudesse contar a elas duas sobre ti, Rainer, sobre tudo que sei através de ti. Sei que neste momento eu, *que fico*, sou para elas, que ficaram, indispensável. Que meu lugar é insubstituível. E humildemente, como se tivesse sido escrito, despeço-me e me afasto.

***

– Querido Vânia!
– e soa como algo não para ser ouvido, mas anunciado,

assim como em meu íntimo, no mais íntimo: "A manhã cinzenta" – de Blok: "A manhã cinzenta" –
– Querido Vânia!

Se você pudesse nos ver agora aqui reunidos, esta igreja toda lotada, você certamente perguntaria: "Que festa é esta que temos hoje?" E nós responderíamos: "A festa é sua, Vânia. Nós o festejamos".

Sim, Vânia, nos reunimos com alegria nesta igreja, na qual você ocupava o lugar mais discreto. O seu lugar hoje é o principal. Como vejo você agora, bem aqui, à esquerda, no canto, onde em seu lugar, discreto, era assíduo. Vejo você rezando e se benzendo, vejo o seu rosto claro, com um sorriso... Você foi um frequentador assíduo e fiel da igreja, não lembro de uma cerimônia na qual não tenha lhe visto. É verdade que nem sempre você rezava com as palavras da oração, às vezes, esquecia-se delas, então, rezava com as suas próprias palavras, com apenas duas palavras: Meu Deuzinho! Meu Deuzinho!

Quando sua doença se confirmou, você me pediu para vir. Disseram-me que cheguei na casa pelo seu próprio chamado. E, ora, nunca me esquecerei como, antes de começar a confissão, levantando-se um pouco, fez um sinal com a mão fraca para que todos se retirassem. Estavam ao seu redor apenas os entes queridos, e quais seriam os seus pecados? Mas você sabia que o sacramento da confissão deve ocorrer em particular, e com seu coração sensível, aqui, revelou-se um filho fiel da Igreja. Você me disse pouca coisa, em compensação, depois da absolvição dos pecados, com que felicidade, com que brilho no rosto, novamente levantou a mão, mas, dessa vez, para que os entes queridos retornassem ao quarto.

Querido Vânia, se você das alturas em que se encontra nos pode ver agora, todos nós que circundamos seu pequeno caixão, vendo nossas lágrimas, nossa tristeza, o que você nos diria, Vânia, gostaria de voltar para cá? Não,

Vânia, ninguém que tenha conhecido *aquela* beleza quer a terra, e as únicas palavras que você nos disse foram palavras de gratidão. Gratidão aos pais, que lhe cercaram de tanto amor, e em especial, a babá, para a qual você, por assim dizer, era único:

– Obrigado, minha velha aflita.

....

Orai por nós.

***

A mãe estava na cabeceira e – ou será que estou sonhando? – toda hora descobria o rosto do filho, de algum modo, erguia-o, para em seguida deixar cair. Tudo de novo, para cada um. Para quê? Não seria mais simples...

Não é uma questão de simplicidade, a questão é que a mãe, que o trouxe ao mundo – para todos, pela última vez, mostrava-o – para cada um. Depois do: "vejam, ainda não viram" do batismo – o "vejam, não verão mais" do velório. Depois de revelar, escondia (o rosto em si), depois de revelar mais uma vez, mais uma vez escondia – cada vez mais fundo – enquanto não escondesse de todos, sob a tampa do caixão, enquanto não se escondesse – de todos da Terra – na terra.

A mãe devolvia o filho ao seio.

Havia nesse gesto a mais simples participação materna.

***

Outra. Não da carne, não da pedra, não da cera, não do metal – outra. De tudo já visto – o jamais visto. Um rosto que nunca esteve diante do meu. Este que está aqui não existe. É de outra matéria.

Traços distintivos: incomparabilidade e impossibilidade de se acostumar. Não se desprender. Não se habituar. Impermeabilidade ao que vem de fora (daí a semântica).

Indivisibilidade. Indestrutibilidade. Não se corta com a faca, não se fende com o machado. O rosto de uma pessoa morta não é um molde, mas um lingote.

Todos os extremos se juntam. Foco.

De uma vez por todas.

O mais próximo seria, claro, a cera, mas onde está – a cera?

Qual a resposta ao que aqui jaz? *A recusa.*

***

Olho para as mãos e sei – não se levantarão. Quanto pesa a vida – sabemos, mas isto não é a vida, mas a morte. A mão não está preenchida com o chumbo, mas com a morte. Toda a morte em cada dedo. Seria levantar toda a morte. É por isso que não se levantam.

Estes – os olhos, já sob os olhos:

Primeiro: não beijar ao passar. Não é o lábio (a vida) na testa (a morte), mas a testa (a morte) nos lábios (a vida). Não o esquento, ele me esfria. Impermeável? Refratário ao calor. Refratário ao calor? Emissor do frio. Eu estou de pé e aqueço, e ele está deitado e esfria. Não há um frio como este na natureza. É outra natureza.

Aquecível: metal, cera, pedra, tudo. Tudo se revigora.

Esquenta.

Neste – a recusa.

***

Vânia Gutchkov – restauro de volta à vida.

Primeira coisa: a estreiteza. Maçãs do rosto estreitas, lábios estreitos, mãos estreitas. Estreito – mas não apertado. Não é apertado – mas alegre.

O brilho do cabelo na testa e, ignorando tudo o que não é inerente – o rosto terno e rijo, que naquele momento leio inversamente: em direção à vida.

***

Pois bem, Rainer. E da *tua* morte, o que dizer?

Sobre isto, digo-te (-me) que ela não estava em minha vida, Rainer, porque, apesar de Savoia, L'Auberge de Trois Rois, entre outros, não havia tu. Havia: o que será, o que ficou. – *Ob ich an die Savoye glaub? Ja, wie an Himmelreich, nicht minder, doch nicht anders.*[2] Disto, com certeza, lembras?

Digo-te ainda que nenhum segundo senti que estavas morto – e eu viva. (Nenhum segundo, te senti *secundário*.) Se estás morto – estou morta também, se estou viva – estás vivo também – e tanto faz o nome que se dê a isto!

Mas ainda mais uma coisa te digo, Rainer – não era só na minha vida que não estavas, não estavas na vida em geral. Sim, Rainer, apesar de *ti* e da *vida*: – de ti – e dos livros, de ti – e dos países, de ti – uma localidade vazia em todos os pontos do globo terrestre, da tua onipresença vazia, da tua metade vazia do mapa – jamais estiveste na vida.

Foste – e saído dos meus lábios é um *titre de noblesse*[3] (não estou dizendo a ti, mas a todos) – um fantasma, ou seja, a mais alta condescendência da alma aos olhos (da nossa sede de vida). Um fantasma duradouro, constante e paciente, que nos deu, aos vivos, a vida e o sangue. Queríamos te ver – e vimos. Queríamos teus livros – escreveste. Queríamos a ti – vieste. Oh, eu, o outro, todos nós, toda a Terra, todo o nosso tempo atribulado, para o qual foste necessário. "Na época de Rilke"...

Um vidente? Não. Eras o próprio espírito. Os videntes éramos nós.

Se tivesses entrado há um ano em meu quarto, eu fica-

---

2 Em alemão, no original. "Se acredito em Savoia? Sim, como no reino dos céus, não menos, tampouco de outra forma."
3 Em francês, no original. "título de nobreza".

ria aterrorizada, tanto quanto se entrares – agora; e digo mais, agora – ficaria menos que há um ano, pois agora a tua chegada seria... mais natural.

Três paredes, teto e piso –
Tudo como se deve?
Agora – aparece!

Foi o que te escrevi no verão passado.[4] Não seria em nome de todos?

Por toda nossa vontade, ou seja, por toda sua trágica insuficiência, por toda a falta de vontade, por todas as nossas preces aos teus, por todas as vezes que te invocamos na terra – e te mantivemos nela – até a hora marcada.

Foste a vontade e a consciência do nosso tempo, o seu – ao contrário de Edison, de Lênin, entre outros, *longe de* Edison, Lênin, entre outros – único líder. Não um monarca responsável, mas o monarca da Responsabilidade. (Assim nós (o tempo) outrora transmitimos a Goethe todas as nossas questões, fizemos dele – quisesse ele ou não – as nossas respostas. De ti – a responsabilidade. É por isto o sacrifício: Goethe – a luz, tu – o sangue).

"*Und Körper nur noch aus Galanterie, um das Unsichtbare nicht zu erschrecken*"[5] – foi o que disseste sobre os últimos anos (em realidade – dias) do teu corpo. Doente ou não – de quem são essas palavras? De uma pessoa humana é que não são!

Lembra da tua Malta, bem como pelas ruas de Paris, seguiam-no, quase ajoelhando-se, suplicando a ele não tudo, mas ele todo. Assim, também nós te seguimos – até

---

4 Referência ao poema "Tentativa de um quarto" (Попытка Комнаты), de 6 de junho de 1926, dedicado a Rilke e Pasternak.
5 Em alemão, no original. "E o corpo, por pura elegância, para não assustar o invisível."

a hora marcada. Lembra de Malta, quando transmitia suas vontades ao vizinho, pelo muro, sem ver-lhe os olhos. O vizinho não pedia nada. Mas Malta ouvia – o clamor!

"*Wer ist dein Nächster? Der dich am nothwendigsten braucht?*"[6] é a definição de próximo das aulas protestantes sobre as Leis de Deus, que se conservou para mim como a melhor.

Nós todos éramos os teus próximos.

Com reconhecimento, nas confissões, penitências, com perguntas, aspirações, preceitos, nós te amamos completamente – até as chagas das mãos. Através das quais corria o sangue.

Sangue. E fez-se o verbo.

A tua *Blutzersetzung* (degeneração do sangue) – primeiro, não compreendi – como! Ele, o primeiro depois do Antigo Testamento a dizer sangue dessa maneira, a dizer sangue, simplesmente – a dizer sangue! – não é um artigo, então não preciso provar – justamente ele de *Blutzersetzung* – da sua degeneração, do seu empobrecimento, morreu. Quanta ironia! Não é ironia nenhuma, mas a minha primeira, no calor do momento, imprevidência.

Expiaste com o sangue bom para a salvação do nosso ruim. Simplesmente – derramaste em nós teu sangue.

Pausa.

Sei que a doença da qual morreste é tratada por meio da transfusão de sangue, ou seja, o próximo, porque quer salvar, doa o seu próprio sangue. Então, a doença acaba. Tua doença – começou com uma transfusão de sangue – do teu – a todos nós. O mundo era o doente, e tu – o próximo. Quando é que será salvo o que transfunde!

A poesia não tem nada a ver com isto. "É apenas a deterioração superficial do sangue", "em vão se deteriora o

---

6   Em alemão, no original. "Quem é o teu próximo? A quem é mais necessário?".

sangue" – assim diz o cotidiano. O limite entre esse "em vão" e esse "superficial" é a deterioração final do sangue, ou seja, a morte. A tua morte.

Sem perdoar a vida pela proximidade ofensiva da data – 29 de dezembro, em vez do 31, a véspera, pois, do teu amado ano de 1927, agradeço-a, a vida, pela precisão da forma e da denominação...

Rainer Maria Rilke, e qualquer médico o pode confirmar, morreu da degeneração do sangue.

– Transfundiu o seu próprio. –

***

Entretanto, Rainer, não obstante o esplendor da tua morte, os teus vizinhos de leito, para mim, à esquerda e à direita, são e permanecerão:

Mlle Jeanne Robert, professora de língua francesa,

e Vânia Gutchkov, aquele menino russo desvalido,

e – varrendo o sobrenome e até suas iniciais – simplesmente

Jeanne – (aquela França inteirinha)

e

Vânia – (a Rússia inteirinha).

Nem os nomes, os melhores, nem a vizinhança, perfeita, eu os escolhi.

***

Rainer Maria Rilke, que jaz em uma rocha de Raron, sobre o Ródano – sem vizinhos – em mim, sua amante russa, jaz:

entre Jeanne e Vânia – Joana e João.

Bellevue, 21 de fevereiro de 1927

A MIKHAIL KUZMIN

Este ensaio, sobre um sarau organizado em 1916 pelo poeta e músico Mikhail Alekséievitch Kuzmin (1872-1936), foi composto no momento em que Tsvetáieva recebera a notícia de que em São Petersburgo o poeta havia falecido. Publicado pela primeira vez no número 61 do *Sovremiénie Zapíski* [*Notas contemporâneas*], em julho do mesmo ano, o texto contrói-se a partir de uma carta ao poeta escrita por Tsvetáieva em 1921, cujo assunto era o livro de poemas publicado por Kuzmin naquele ano. O encontro teve lugar em janeiro de 1916, quando Tsvetáieva viajara a São Petersburgo a convite dos editores da revista literária *Siéviernie Zapíski*. A ocasião representou a estreia literária de Marina Tsvetáieva na então capital russa.

A carta a Kuzmin, redigida em 1921, foi retrabalhada a partir das anotações de seu diário referentes ao ano de 1916 e transformada em um ensaio de reminiscências líricas e subjetivas em 1936. Assim, ao mesmo tempo que utiliza as notas do período pré-revolucionário, está indissociavelmente ligado às circunstâncias em que foi (re)composto, portanto, apoiado temporalmente em ao menos três momentos: a Rússia pré-revolucionária, a Rússia revolucionária e a França dos emigrados. Nesse entrecruzamento de planos e tempos, desfilam nomes e versos de grandes poetas do período, como Serguei Iessiénin,

Óssip Mandelstam, Anna Akhmátova, entre outros. Com isso, Tsvetáieva não apenas reconstitui a atmosfera de um peculiar momento da poesia e das artes russas, mas ainda torna as pessoas retratadas imunes à história e, em última instância, ao próprio tempo. Trata-se de um encontro que não conhece nem lugar, nem fronteiras (de tempo, classe, raça, gênero, nacionalidade, sexualidade), e se dá às vésperas de acontecimentos históricos que mudariam para sempre as vidas de seus participantes e também toda a paisagem do século XX.

A tônica do ensaio que as leitoras e os leitores lerão a seguir é a mesma daquela presente no texto que acabaram de ler, bem como dos poemas apresentados anteriormente: a poesia e seu poder de criar a vida, no mais puro e profundo sentido da expressão.

Uma noite do além

Sobre Petersburgo pairava uma nevasca. Precisamente – pairava: como um pião rodopiando ou uma criança rodopiando – ou um incêndio. A força branca – levava.

E levou da memória tanto a rua quanto a casa, e me trouxe – colocou e alocou – direto para o meio do salão – das dimensões de uma estação, de um salão de baile, de um museu, do sonho.

Assim, da nevasca ao salão, do vazio branco da nevasca – ao vazio amarelo do salão, sem as instâncias intermediárias das vias de acesso ou as cláusulas introdutórias dos criados.

E eis que no final do salão, distantes – como em um binóculo invertido – enormes – já em seu lado correto, nas oculares do binóculo imaginário – dois olhos.

Sobre Petersburgo pairava uma nevasca e nessa nevasca – imóveis como dois planetas – pairavam os olhos.

***

Pairavam? Não, moviam-se. Enfeitiçada, não noto que o corpo que os acompanha arrancara, e dou-me conta disto apenas pela dor louca nos olhos, exatamente como se contra as minhas órbitas empurrassem o binóculo, de uma ponta à outra.

Do outro lado do salão – imóveis como dois planetas – os olhos em minha direção.
Os olhos estavam – aqui.
Diante de mim – Kuzmin.

***

Os olhos – e nada mais. Os olhos – e o restante. E esse restante era pouco: quase nada.

***

Mas a voz não estava aqui. Exatamente como se a voz não acompanhasse os olhos, a voz vinha ainda do final do salão – e da vida – ou, talvez eu, absorvida pelos olhos, não a acompanhei? – o primeiro sentimento desta voz: comigo está falando uma pessoa – através de um rio, e eu, como em um sonho, de algum modo, ouço, como em um sonho – porque é necessário – mesmo assim, ouço.

... Todos nós na *Siéviernie Zapíski* lemos os seus poemas... Foi tanta alegria. Quando vês um nome novo, pensas: mais poemas, poemas em geral, uma exposição verbal dos sentimentos. E a maior parte são estranhos. Ou as palavras são estranhas. E eis que de repente, no primeiro verso do teu, a força. "Eu sei a verdade! A verdade antiga – distante!"... E isto todos nós sentimos.

– E eu aos quinze anos li o seu "Enterrado com a espada – não com a pá – Manon Lescaut!". Na verdade, não li, recitou-me de memória meu noivo, com o qual depois não casei, justamente porque ele era uma pá: uma pá de barba, e em geral...

Kuzmin, assustado:
– Bar-ba? Um noivo de barba?
Eu, consciente de que estou assustando:

– Quadrada como uma pá, uma moldura, e dessa moldura, olhos azuis de uma honestidade desavergonhada. Sim. E quando fiquei sabendo por ele que existem aqueles que são enterrados com uma pá e aqueles que são enterrados com uma espada: "E eu com uma pá, pois não!"... E que fórmula de todo o velho mundo, de todo o século, nesse chamado esplêndido: "Enterrado com a espada – não com a pá – Manon Lescaut!" E tudo foi escrito em função desse verso, certo?

– Como em qualquer poema, em função do último verso.

– Que chega primeiro.

– Oh, você também sabe disto!

***

Em Moscou, corriam lendas sobre Kuzmin. Correm lendas sobre todos os poetas, e as compõem tanto a inveja quanto a maldade. O refrão para a palavra Kuzmin era "faceiro, maquiado".

Não havia faceirice: havia a graça natural de um indivíduo estranho, uma graça especial da ossatura (pois um esqueleto é diferente de outro esqueleto, não apenas o são as almas!), havia o mindinho flutuante sobre a xícara de chá – assim no século XVIII Lafayette, o herói dos Dois Mundos, conservava sua xícara de chocolate, assim André Chénier, poeta de uma coragem extraordinária, bebeu de sua caneca de estanho –, havia, além da graça pessoal da ossatura, uma tradição física, uma persistência física, um "maneirismo" inato.

Havia – porcelana de Sèvres.

Havia na Petersburgo do século XX – um francês da Martinica do século XVIII.

Quanto à "maquiagem". Maquiagem – havia. Uniforme, firme, castanho-escura, de mouro, de mestiço, do Nosso Senhor. Não estava apenas "maquiado", mas – untado, e até – cozido: como se no café infernal da insônia lírica, como se infundido em todas as nozes dos contos de fada, como se mesclado por hereditariedades exóticas – não sei. Sei apenas que foram as tintas mais uniformes, mais castanhas, o castanho – mais uniforme – e mais familiar – que em uma face vi. Talvez na fachada de nossa casa de chocolate na Triokhprud.

Mas desta infusão de café cigana, bronzeada, vinha-me outro brilho familiar: a prata. O traje era prata, o ambiente de movimentos onírico-imponderáveis e onírico-livres – prata, as mangas, das quais saía a mão cigana – pratas. Mas será que as mangas eram pratas (um simples cinza sem graça) graças às mãos ciganas? E talvez da Petersburgo prateada – o prata? De todo modo havia duas cores, duas tintas – castanho e prata – uma terceira não havia. Em compensação – anéis. Não tinha pulseiras (dedeiras), se as tinha – não lembro nem falo delas, nem brincos, apesar de os cabelos estarem soldados a esse rosto. Desta cabeça pequena, fina e valiosa, da orelha colada à têmpora, dois tufos de cabelo, formando dois meios anéis nas têmporas, quase um anel – como de Carmen ou Tutchkov IV, ou uma pessoa apanhada por uma tempestade.

Então ele acendeu um cigarro, e seu rosto cor de noz com um sorriso serpentino carmesim revelou-se como sob um véu azul... (Em algum lugar, cortinas – de fumaça. Foi em janeiro de 1916. A guerra.)

Recostando a cabeça no encosto do sofá e, naturalmente, como um gamo, exibindo-se... Mas de repente fim de espetáculo:

– Você, você me desculpe... Estava aqui vendo uma pessoa o tempo todo, e não estou mais vendo, já não estou vendo, ele estava aqui, eu o vi, mas agora...

Desaparece a visão.

***

– Gostou de Mikhail Alekséievitch? – para mim o jovem anfitrião, na verdade, um dos dois jovens anfitriões, pois havia dois: Serioja e Liónia. Liónia – poeta, Serioja – não, e eu faço amizade com Serioja. A Serioja conto da minha filha pequena, que ficou em Moscou (a primeira separação) e à qual, como um mercador de conto de fadas, prometi levar sapatos, e ele me conta sobre os camelos de seu deserto. Liónia era muito fraquinho para mim, delicado... uma flor. Segurando como se fosse uma flor um pequeno volume de *O cavaleiro de bronze*, com a mão levemente afastada como se ela mesma fosse uma flor. O que se pode fazer com mãos como estas?

Além disso, Liónia claramente não devia gostar de mim – o tempo todo me equiparava, a minha simplicidade e retidão, com a sinuosidade (de então!) akhmatoviana – e nada convergia, já Serioja não me comparava a ninguém – e tudo convergia, ou seja, concordamos – ele e eu – desde o primeiro momento: em seu deserto e em minha filha, naquilo que é mais amado.

Minha fala moscovita deve incomodar Liónia – agradecida – está bem – tanto que imediatamente nota: "Uma autêntica moscovita!" – o que já começa a me irritar e me obriga a reforçar essa moscovicidade – tanto que a Liónia, de cabelo liso, estrito, estreito – e eu, com meus cabelos em forma de parênteses, "hirsutos" e "grossos" – eu devia lhe lembrar um cocheiro de Moscou. Agora, Serioja e eu partimos para o gabinete de seu pai e ali conversamos.

– Gosta de Kuzmin?

– Impossível ser melhor: impossível ser mais simples.

– Bem, este é um elogio raro para Kuzmin...

Sento-me em uma pele de urso branco, ele permanece de pé.

– Ah, então, é aqui que vocês estão? – uma voz experiente e imponente. O pai de Serioja e Liónia, renomado construtor de um famoso encouraçado – alto, importante, irônico, carinhoso, irresistível – que chamo, para mim mesma, de – *lord*.

– Por que os poetas e as poetisas sempre se sentam no chão? Será que é confortável? O sofá me parece muito mais agradável...

– Assim é mais perto do fogo. E do urso.

– Mas o urso é branco e seu vestido – escuro: ficará toda coberta de pelos.

– Se não lhe agrada que eu me sente no chão, então, posso me sentar na cadeira! – eu, já com a voz embargada e os olhos quentes das lágrimas que se aproximam (Serioja, em tom de reprovação: "Ah, papai!...").

– *Crime de lèse-Majesté*![1] O mesmo que andar sobre lírios.

– Quando terminar de lhe expressar suas compaixões, passamos à sala de estar e você faz uma leitura para nós. Iessiénin quer muito vê-la, ele acabou de chegar. Sabe o que aconteceu? Algo um tanto... ousado. Você não vai se irritar?

Assustada, me calo.

– Não tema, é simplesmente um caso engraçado. Assim que cheguei em casa, entrei na sala de estar e vi: em uma banqueta, no meio da sala, você e Liónia se abraçando.

Eu:

– O quê-ê-ê?

Ele, impassível:

– Sim, um abraçando o outro pelos ombros, movendo as cabeças: a nuca negra de Liónia e a sua, clara, encaracolada. Já vi tantos poetas e tantas poetisas, mas, mesmo assim, admito, fiquei surpreso...

Eu:

– Era Iessiénin?

– Sim, era Iessiénin, foi o que descobri ao contornar a banqueta. Vocês têm a mesma nuca.

– Sim, mas Iessiénin está de camisa azul, já eu...

– Isto, admito, não enxerguei, já que os cabelos e os

---

1   Em francês, no original. "Crime de lesa-Majestade".

braços não deixavam mais nada à vista.

***

Liónia. Iessiénin. Amigos inseparáveis, indissociáveis. Na pessoa deles, nos rostos deles, diferentes de tal modo impressionante, uniram-se, fundiram-se duas raças, duas classes, dois mundos. Uniram-se – por tudo e por todos – os poetas.

Liónia ia visitar Iessiénin na aldeia, Iessiénin, quando estava em Petersburgo, não largava de Liónia. Assim vejo as duas cabeças se movendo – no banco da sala, em um abraço bom de meninos que convertia a banqueta em um banco de escola... (Mental e lentamente eu a contorno:) A superfície da cabeça negra de Liónia. A de Iessiénin com caracóis negros, cacheada. As centáureas de Iessiénin, as amêndoas castanhas de Liónia. É legal quando dois opostos se atraem. A satisfação de quando se encontra uma rima rara e rica.

Depois, Liónia deixou um livrinho de poemas – tão simples que meu coração ficou apertado: como não tinha entendido nada desse esteta, como pude julgar – pelas aparências?

***

Sento-me naquela sala amarela, no deserto – talvez, devido aos camelos de Serioja – e leio os poemas, não leio – recito de memória. Comecei a ler no caderno somente quando deixei de sabê-los de cor, e de sabê-los deixei quando deixei de recitá-los, e de recitá-los deixei – quando deixaram de me pedir para ler, e deixaram de me pedir para ler desde 1922, desde minha partida da Rússia. Saí de um mundo onde meus poemas eram necessários como o pão, para cair em um mundo onde os poemas não eram necessários a ninguém, nem meus poemas, nem os poe-

mas em geral, eram necessários – como uma sobremesa:
se é que uma sobremesa é algo necessário a alguém.

***

Leio como carro-chefe a minha Alemanha marcial:

>Posta no mundo para ser perseguida,
>E já não se contam teus inimigos.
>Pois *eu* te deixar como poderia?
>Pois *eu* te trair como posso?
>
>E onde vou buscar a prudência:
>"Olho por olho, sangue por sangue"?
>Alemanha, minha loucura!
>Alemanha, meu amor!
>
>Pois como eu te rejeitaria?
>Minha tão perseguida *Vaterland*,
>Em Königsberg onde ainda
>Passeia o esguio Kant.
>
>Onde acalentando um novo Fausto
>Em outra cidade deixada de lado —
>*Geheimrat* Goethe pelo beco
>Passeia empunhando um galho.
>
>Pois eu poderei rejeitar-te?
>Minha estrela da Alemanha,
>Quando amar pela metade
>Eu jamais fui ensinada,
>
>Quando por teus cantos arrebatada
>Esporas de tenente não ouço,
>Quando por São Jorge iluminada

Em Freiburg, na Schwabentor,

Quando não me sufoca o ódio
Do Kaiser, de bigode guidão, —
A ti, Alemanha, eu prometo
Que amando irei ao caixão!

Não há nem magia nem sábios
Para ti, perfumado reino,
Onde coçam caracóis dourados,
Lorelei — sobre o Eterno Reno.[2]

É um poema à Alemanha – a minha primeira resposta à guerra. Em Moscou não teve sucesso, teve um sucesso invertido. Mas aqui - sinto - atingiu seu alvo, o único objetivo de qualquer poema - o coração. Eis a crítica mais séria:
 – Mágico, sábio – sim, só não diria "perfumado": perfumada é a Itália, a Sicília...
 – Mas e as limas? Os pinhos da Floresta Negra? *Tannenbaum, Tannenbaum*![3] Toda a região de Harz, porque Harz é "resina". E a palavra, à qual já começam a crepitar pinheiros sob o Sol...
 – Bravo, Bravo, Marina Ivánovna, é isso que chamamos uma defesa!

Leio mais um:

Eu sei a verdade! Todas as verdades idas — de longe!
Para quê uma pessoa na terra contra outra guerrear!
Vejam: é noite! Vejam: a madrugada virá em breve!
De que se trata — poetas, amantes, generais?

---

2 Poema "A Alemanha", de 1º de dezembro de 1914.
3 Em alemão, no original. "Minha árvore de Natal".

> O vento já sopra, já molha a terra o orvalho,
> Em breve a nevasca estrelada gelará o firmamento,
> E nós que em terra não pudemos dormir lado a lado
> Sob a terra em breve todos dormindo estaremos.[4]

Leio todos os meus poemas de 1915 – é pouco – querem mais. Sinto claramente que leio em nome de Moscou e não vou jogar esse nome na lama, que o elevo ao nível do nome – de Akhmátova. Akhmátova! – E o verbo se fez. Sinto, com todo o meu ser, a tensão – inevitável – a cada verso – eles nos comparam (e ainda mais – confrontam): não apenas Akhmátova e eu, mas a poesia petersburguesa e a moscovita, Petersburgo e Moscou. Mas, se alguns dos zeladores *akhmatovsk* ouvem-me contra mim, eu, todavia, não leio contra Akhmátova, mas – para Akhmátova. Leio – como se Akhmátova estivesse na sala, apenas Akhmátova. Leio à ausência de Akhmátova. Preciso do meu sucesso como um fio direto até Akhmátova. E se, neste momento, quero revelar minha própria Moscou – melhor momento não há, pois não se trata de vencer Petersburgo, mas para com esta Moscou – Petersburgo – presentear, à Akhmátova presentear essa Moscou em mim, em meu amor, para diante de Akhmátova – fazer uma reverência. Reverenciar-lhe o próprio Monte das Reverências com a mais insubmissa das cabeças em seu topo.

> Na minha cantante cidade das cúpulas um brilho,
> E o cego errante exalta o iluminado Cristo...
> E eu te dou minha cidade dos sinos
> — Akhmátova! — e meu coração, além disso...[5]

---

4   Poema sem título de 3 de outubro de 1915.
5   Última estrofe do primeiro poema do ciclo "A Akhmátova", cf. p. 114 deste volume.

Para dizer tudo: os meus últimos versos sobre Moscou, escritos depois da minha estada petersburguesa, devo a Akhmátova, ao meu amor por ela, ao meu desejo de lhe dar algo que fosse mais eterno que o amor, dar a ela que é mais eterna que o amor. Se eu pudesse simplesmente lhe dar o – Krêmlin, não teria escrito esses poemas. De modo que um tipo de competição de mim para com Akhmátova – havia, mas não para "fazer melhor que ela", já que melhor é impossível, e esse melhor impossível depositaria – aos seus pés. Competição? Adoração. Soube que, depois, em 1916-1917, Akhmátova não se separava dos manuscritos de meus poemas dedicados a ela, e até os carregava na bolsa, de modo que ficaram cheios de dobras e fissuras. Isto quem me contou foi Óssip Mandelstam – uma das minhas maiores alegrias na vida.

Em seguida, todos se põem a ler. Iessiénin lê "Marfa, a passadnitsa", que Górki tentou publicar na *Letopis*,[6] mas foi censurado. Lembro-me das nuvens azuis dos pombos e dos nimbos negros da fúria do povo – "Como o tsar de Moscou – em seu festim de sangue – vendeu sua alma ao – Anticristo"... Ouço com cada raiz de cabelo. Esse querubim, esse *Milchgesicht*,[7] e essa exclamação de ópera "Abra-te! Abra-te!" – por acaso foi ele que escreveu isto? Sentiu? (Nunca deixei de me fascinar com Iessiénin.) Em seguida, como a *tchastuchka* no acordeão, exatamente como se escapando da caixa, exatamente como se, de sua caixa acústica, estivessem escapando ervilhas:

Meu acordeão, toca, toca,
Hoje está calada a aurora
Hoje está calada a aurora
Bem lhe ouvirá a minha moça.

---

[6] Jornal mensal de literatura, ciência e política publicado em São Petersburgo de 1915 a 1917.
[7] Em alemão, no original. "menino, cara de leite".

Óssip Mandelstam, semicerrando os olhos de camelo, proclama:

> A Tsárskoie Selo, vamos,
> Lá nos sorrirão ulanos[8]
> Bêbados, alegres, livres
> Saltando em sua sela firme.

"Bêbados" a censura alterou para "zelosos", pois em Tsárskoie Selo não se encontram ulanos bêbados – apenas zelosos!

O crítico Grigóri Landau lê seus aforismos. E ainda um ouro crítico, que se chama Luassarb Nikoloiévitch. Dentre os que leram, lembro ainda de Konstantin Landau, devido a seu comentário categórico a meu respeito, depois – a Akhmátova. Akhmátova: "Que tal ela?" – "Oh, notável!" Akhmátova, impaciente: "Mas é possível se apaixonar por ela??" – "É impossível não se apaixonar". (Os que compreendem meu amor por Akhmátova – entenderão).

Leem Liónia, Ivánov, Otsup, Ivnev, acredito que Gorodiétski. Eram muitos – me esqueci. Mas sei que Petersburgo inteira leu, exceto Akhmátova, que estava na Crimeia, e Gumiliov – na guerra.

Petersburgo inteira e *uma só* Moscou.

... E a nevasca imóvel atrás das enormes janelas enfurece. E o tempo voa. E eu me dou conta que chegou a hora de ir para casa, pois minha querida anfitriã, a editora da *Siéviernie Zapíski*, está doente: primeiro, à luz das páginas da revista (a primeira em que publico), e agora – à luz desses lustres e rostos.

Sofia Isaakovna Tchaikina e Iákov Levóvitch Saker gostavam tanto de meus poemas, mas tanto, que me tomaram por uma parente próxima, deram-me os três tomos dos contos maravilhosos de Afanássievski e duas raposas vermelhas (uma – deitada com uma bola; outra – de pé: eu tinha recusado os ho-

---

[8] Soldados de cavalaria dos exércitos mongólicos e tártaros.

norários) – e o perfume *Jasmin de Corse* – em homenagem ao meu amor pela Córsega – me levaram às ilhas de Petersburg, em Moscou, me levaram aos ciganos, em todos os momentos em que estávamos juntos, me festejavam...

Sofia Isaakovna Tchaikina e Iákov Levóvitch Saker, muito obrigada pelas festas – eu as tinha muito pouco.

A casa da *Siéviernie Zapíski* era uma casa divina; uma ininterrupta noite do além. As paredes repletas de livros, deixando à mostra apenas uma senda de papel de parede azul-escuro, exatamente como se entalhada num céu noturno, no chão, ursos brancos, uma lareira ardendo dia e noite, e dia e noite, a poesia, sobretudo – "à noite". Duas horas. Toca o telefone: "Não é tarde para vocês?" – "Claro que não! Estamos justamente por começar a leitura de poemas" – Este "justamente" era – sempre.

Assim que estou aflita para ir à casa dela, de Sofia Isaakovna, e ela, certamente, me espera ansiosa – para saber dos meus sucessos (e também dos dela).

– Mikhail Alekséievitch! Imploro, leiam agora! Pois preciso partir.

Ele, melodioso:

– Para onde?

Explico.

Ele, sem ouvir:

– Pa-ra-quê? Aqui está bom. Aqui está muito bom. Todos nós já deveríamos ter partido há muito tempo.

(Oh, com que rapidez – todos partiríamos! Para aquela mesma tempestade que nos aguardava, ameaçadora e fielmente...)

Continuo a implorar.

Ele:

– Vou ler meu último. (Primeiro, sobre espelhos. Depois:)

Sois-me assim tão próximo, tão afim,
Que parece não sois amado por mim.

> Talvez seja de modo tão frio assim
> Que no paraíso se amam os querubins.
> [...]
> E livremente suspiro mais uma vez
> Eu – infantil – creio na plenitude.
> Isto não é amor... não seja talvez...
> Mas como...

(uma pausa exagerada e – *mit Nachdruck*[9] de todo o seu ser!) – se parece – (quase perdendo a voz)

> ... com a beatitude...

O poema, propriamente dito, termina aqui, mas, como na vida, com um segundo adeus:

> E em vosso caderno azul-escuro
> Os poemas... era tudo — tão novo!
> E eis que — o sofrer — descubro —
> E isso quer dizer — amar um outro,

Um tal acento inesquecível em *se parece*, que era justamente como *se parece*... a beatitude! Só as crianças falam assim: querem assim! Assim, com toda a alma – e o peito. Assim, de modo tão insuportavelmente desarmado e desnudo, e até sangrando, entre os demais – trajados e blindados.

***

Não esperei para ouvir Kuzmin cantar, parti, fiel à minha promessa. Agora – me arrependo. (Ali já havia me arrependido, arrependi-me ao partir, arrependi-me já ao sair – e ao chegar – e ao entrar. Ainda mais que minha doente não me esperava,

---

9 Em alemão, no original. "ímpeto".

ou seja, não acreditou na promessa, que eu mantive – dormia tranquilamente, e o sacrifício, como sempre, foi em vão.)

Todos:

– Mas Mikhail Alekséievitch ainda vai ler!

Eu, com firmeza:

– Mas eu prometi!

– Mas Mikhail Alekséievitch talvez ainda cante!

Eu, plangente:

– Mas eu prometi!

Meu querido camelino Serioja se aproxima. Vem o próprio Kuzmin, cuja presença durante toda a noite, sem parar, a cada instante, implacável, senti sobre mim, como uma espécie de pressão.

– Pois fique, você ficou tão pouco! (E o último argumento, inocente e irresistível:) Talvez eu cante.

(Sussurros e alvoroço na cabeça, como o centeio sob o vento: "Talvez eu cante... Talvez eu cante... Talvez eu cante...").

– Mas por acaso seria possível partir depois da primeira canção? Eu simplesmente não partirei nunca. É por isso que vou partir agora.

– Como você, afinal, é firme! – admirado e um tanto surpreendido – Kuzmin.

– *Einn Mann – ein Wort*!

– Mas, ora, você é uma *Frau*!

– Não! *Mensch*! *Mensch*! *Mensch*![10] A última imagem de que me lembro – como se uma última vez voltasse a cabeça – é de Kuzmin se aproximando do piano.

***

Estão todos mortos, mortos, mortos...

Morreram os irmãos: Serioja e Liónia, morreram os ami-

---

10 Em alemão, no original, as palavras em itálico: "Um homem (pessoa), uma palavra! — "uma mulher!" — "Uma pessoa! Pessoa! Pessoa".

gos: Liónia e Iessiénin, morreram meus queridos editores da *Siéviernie Zapíski*, Sofia Isaakovna e Iákov Liévovitch, morreram um pouco depois dos demais, em Varsóvia – o Lord, e agora Kuzmin morreu.

Os que ficaram são – sombras.

***

Nunca mais vi Kuzmin. Mas tive ainda mais um encontro com ele.

Eis o final da carta que lhe escrevi em junho de 1921, uma carta escrita de modo ardente em meu caderno e, por isso, uma sobrevivente. (A primeira parte da carta – um retrato vivo do nosso encontro, que acaba de ser lida pelo leitor).

... "Entro na Livraria dos Escritores, minha única fonte instável de subsistência. Timidamente, à caixa: 'Sabe dizer como estão indo meus livros?' (Copio os poemas, costuro em forma de cadernos e vendo. Nós chamamos de triunfo de Gutenberg.[11] Enquanto ela busca informações, eu, *pour me donner une contenance*,[12] começo a folhear os livros do balcão. Kuzmin, *Noites do além*. Abro: uma flecha no coração – São Jorge! Um São Jorge branco! Meu São Jorge, que escrevo já há dois meses – uma vida. Ciúmes e alegria, dois gumes, leio – a alegria cresce, termino – a serpente do ciúme pica, prega. Meu encontro emerge das profundezas da memória.

Abro mais um: Púchkin – o *meu* Púchkin, aquele que quando falo dele é sobre mim. E o terceiro – Goethe, o Goethe dos meus dezesseis anos, Goethe – velho! Secreto!...

O que me resta lhe dizer além de:

– Você me é tão próximo quanto um ente querido...

---

11 A expressão pertence a B. K. Zaitsev. (N.A.)
12 Em francês, no original. "por me ocupar".

O pretexto formal para esta carta, querido Mikhail Alekséievitch, foi o cumprimento transmitido a mim pela senhora Vólkova."

***

E ei-los — dois olhos:
Dois brilhos! — não, espelhos!
Duas crateras de vulcão,
Dois círculos negros,
Carbonizadas — do espelho,
Congelado, dos paralelepípedos,
Através das mil verstas do salão
— Fumegam — estrelas polares.
Terríveis! Fogo e trevas!
Duas covas negras.
Assim nos hospitais os meninos
Insones chamam: — Mamãe! —
Medo e reprovação, ah, e o amém...
Palpitar imponente —
Sobre lençóis de pedra —
Duas glórias negras.
Saiba que os rios correm — para trás!
Que as pedras — entendem!
Que eles uma vez mais,
Em enormes raios
Levantam-se — dois sóis, duas crateras,
Não — dois diamantes,
Espelhos de abismos subterrâneos:
Dois olhos mortais.
(Escrito e enviado a ele em junho de 1921 com uma carta.)

***

Esta obra chamei de "Uma noite do além".

Início de janeiro de 1916, início do último ano do mundo antigo. Ápice da guerra. Forças obscuras.

Nos sentamos e ficamos lendo poemas. Os últimos poemas sob as últimas peles e as últimas lareiras. Ninguém naquela noite pronunciou a palavra *front*, tampouco pronunciou – apesar da proximidade física – o nome Raspútin.

Amanhã Serioja e Liónia perderiam a vida, depois de amanhã Sofia Isaakovna Tchaikina vagaria por Moscou, como uma alma penada à procura de abrigo, e entorpecida – ela, para quem todas as lareiras não bastavam – pelas estufas espectrais de Moscou.

Amanhã Akhmátova perderia *todos*, Gumiliov – a vida. Mas hoje a noite era nossa!

Festim em tempos da Peste?[13] Sim. Mas enquanto eles festejavam – com vinhos e rosas, nós – incorpórea, maravilhosamente, como puros espíritos – já fantasmas do Hades – com palavras: com o *som* das palavras e o vivo sangue dos sentimentos.

Arrependo-me? Não. O único dever de uma pessoa na terra é para com a verdade de todo o seu ser. Eu, naquela noite, honestamente, juro com a mão no peito, daria toda Petersburgo e toda Moscou pelo kuzminiano: "assim se parece… com a beatitude", a própria beatitude eu daria pelo "*assim se parece…*" Uns vendem a alma por bochechas rosadas, outros entregam a alma pelos sons dos céus.

E – todos pagaram. Serioja e Liónia – com a vida, Gumiliov – com a vida, Iessiénin – com a vida, Kuzmin, Akhmátova, eu – com a vida trancada em nós mesmos, nesta fortaleza – mais segura que a de Pedro e Paulo.[14]

---

13 Referência ao drama em versos de Aleksandr Púchkin composto entre 1830 e 1832 (em russo, Пир во время чумы).
14 Marco original de São Petersburgo, cidadela a partir da qual Pedro, o Grande, fundou, em 1703, aquela que seria a capital russa. Projetada pelo italiano Domenico Trezzini, funcionou como presídio político a partir de 1720. Estiveram presos nela Fiódor Dostoiévski, Mikhail Bakúnin, Leon Trótski, entre outros.

E não importa o quão extraordinárias foram as manhãs e as noites de *aquém*, e não importa de que diferentes maneiras – se histórica ou silenciosamente – nós, os participantes daquela noite do além, venhamos a morrer – o último som dos nossos lábios foi e será:

E as tediosas canções terrenas jamais
Puderam substituir os sons celestiais.[15]

1936

---

15 Versos finais do poema "O anjo" ("Ангел"), de Mikhail Liérmontov.

Referências bibliográficas

ALMEIDA, Angela Mendes de. *Do partido único ao stalinismo*. São Paulo: Alameda, 2021.

ALMEIDA, Paula Vaz de. *A caminho do absoluto: a poética e a vida literária de Marina Tsvetáieva através de sua prosa*. Tese de doutorado, São Paulo, USP, 2014.

ANDRADE, Homero Freitas de. "Cronologia da vida e da obra de A. S. Púchkin", in *Dossiê Púchkin*. São Paulo: Edusp, 2004, p. 123-137.

AUCOUTURIER, Michel. "Le poète e la vie", in *Pasternak par lui-même*. Paris: Édition du Seuil, 1963.

BERNARDINI, Aurora Fornoni. "Prefácio", in TSVETÁIEVA, Marina. *Indícios Flutuantes*. Prefácio, seleção e tradução de poemas Aurora Fornoni Bernardini. São Paulo: Martins, 2006, p. 26-27.

EFRON, Ariadna. О Марине Цветаевой: Воспоминания дочери. [Sobre Marina Tsvetáieva: Memórias de filha] Moscou: Escritor Soviético. 1989, p. 20.

JAKOBSON, Roman. *A geração que esbanjou seus poetas*. Tradução Sonia Regina Martins Gonçalves. São Paulo: Cosac Naify, 2006.

MAIAKÓVSKI, Vladímir. "A plenos pulmões", in: *Poemas*. Tradução Augusto de Campos, Haroldo de Campos e Boris Schnaiderman. São Paulo: Perspectiva, 2017, edição revisada e ampliada, p. 226.

SONTAG, Susan, "Uma prosa de poeta", in *Questão de ênfase: Ensaios*. Tradução Rubens Figueiredo. São Paulo: Companhia das Letras, 2005, p. 20.

TODOROV, Tzvetan. *A beleza salvará o mundo – Wilde, Rilke e Tsvetaeva: os aventureiros do absoluto*. Tradução Caio Meira. Rio de Janeiro: DIFEL, 2011, p. 253.

TRÓTSKI, Leon. "Самоубийство В. Маяковского", in *Biulletien Oppositsia (bolchevikov-leninitsiev)*, n. 11, maio de 1930. Disponível em: <http://web.mit.edu/fjk/www/FI/BO/BO-11.shtml>.

____. *Literatura e revolução*. Tradução Monis Bandeira. Rio de Janeiro: Zahar, 2007, p. 96.

TSVETÁIEVA, Marina. Собрание сочинений: В 7 т. [Obras reunidas: em 7 volumes], edição, textos e comentários de A. A. Saakiants e L. A. Mnukhin. Moscou: Ellis Lak, 1994/1995, vol. 5, p. 375.

____.Неизданное. Свободные тетради, подгот. текста и коммент. Е. Б. Коркиной и И. Д. Шевеленко [Não publicados: cadernos livres, preparação de texto e comentários de E. B. Korkina e I. D. Chevelenko]. Moscou: Ellis Lak. 1997, p. 319.

____. *Meu Púchkin*, in ALMEIDA, Paula Costa Vaz de. *O "Meu Púchkin" de Marina Tsvetáieva: tradução e apresentação*. Dissertação de mestrado, São Paulo, USP, 2008, p. 45.

Sobre a organizadora e tradutora

Paula Vaz de Almeida nasceu em São Roque, São Paulo, em 1981. É tradutora, professora e doutora em literatura e cultura russas pela Universidade de São Paulo (USP). No mestrado e no doutorado, pesquisou a prosa de Marina Tsvetáieva, e o resultado foi a dissertação *O "Meu Púchkin" de Marina Tsvetáieva: tradução e apresentação* (2008), e a tese *A caminho do Absoluto: a poética e a vida literária de Marina Tsvetáieva através de sua prosa* (2014), ambas sob orientação de Homero Freitas de Andrade. Traduz do russo ao português, em especial obras dos marxistas russos e de literatura, tanto prosa quanto poesia. Entre suas traduções literárias estão *O que vou ser quando crescer?*, de Vladímir Maiakóvski (2017), *A véspera*, de Ivan Turguéniev (2018), e *Estrela vermelha*, de Aleksandr Bogdánov (2020). Já no campo da especialidade, destacam-se o trabalho junto à coleção *Arsenal Lênin*, e as traduções de *Teoria geral do direito e marxismo* (2017) e *Fascismo* (2020), de Evguiéni Pachukanis. Atualmente, pesquisa de maneira independente a produção literária russa e russo-soviética dos séculos XIX e XX, com ênfase nas relações entre literatura e revolução.

Este livro foi editado pela Bazar do Tempo
na cidade do Rio de Janeiro em fevereiro
de 2022, e impresso em papel Pólen Soft
80 g/m² pela gráfica BMF. Foram usados os
tipos Register* e Next.